beck'sche reihe

bsr

Wie alt ist das japanische Kaiserhaus? Ist ein Samurai so etwas wie ein Ritter? Was ist der Unterschied zwischen einem Tempel und einem Schrein? Woher kommt Japans Badekultur? Was macht *Cool Japan* so cool? Was essen die Japaner außer Sushi? Wer trägt Kimonos und was trägt man sonst? Japan wirft viele Fragen auf: wegen seines fulminanten Aufstiegs von einem in sich gekehrten kleinen Inselreich zu einer industriellen Großmacht, wegen der Vielfalt seiner Religionen und ihrem friedlichen Nebeneinander und aufgrund seiner faszinierenden und zugleich fremden Kultur. In 101 Antworten lassen Florian Coulmas und Judith Stalpers ihren Lesern Vergangenheit und Gegenwart Japans verständlich werden.

Florian Coulmas ist Direktor des Deutschen Instituts für Japanstudien in Tokio. Bei C.H.Beck ist von ihm lieferbar: *Die Gesellschaft Japans* (2007), *Die Kultur Japans* (2. Auflage 2009), *Hiroshima* (2010).
Judith Stalpers ist Japankorrespondentin der Niederländischen Presseagentur.

Florian Coulmas/Judith Stalpers

Die 101 wichtigsten Fragen

Japan

Verlag C.H.Beck

Mit 5 Abbildungen

Originalausgabe

Satz: Fotosatz Amann, Aichstetten
Druck und Bindung: Druckerei C.H. Beck, Nördlingen
Umschlagentwurf: malsyteufel, Willich
Printed in Germany
ISNB 978 3 406 61404 0

www.beck.de

Inhalt

Vorwort

101 Fragen haben wir in diesem Büchlein gestellt, 100 beantwortet. Eine bleibt offen. Leserinnen und Leser können leicht herausfinden, welche und warum. Sie werden nach der Lektüre noch mehr Fragen haben, aber andere, als sie vorher hatten. Das ist der Zweck. Japan heute wirft viele Fragen auf: über seinen fulminanten Aufstieg von einem in sich gekehrten kleinen Inselreich am Rande des asiatischen Kontinents zu einer industriellen Großmacht, die die Welt beliefert; über seine ungewöhnliche vormoderne Geschichte, während der es den Kontakt zum Westen auf ein Minimum reduzierte; über seine Religionen und deren friedliches Nebeneinander; über seine Wirtschaft und seine Politik und darüber, dass die Japaner so alt werden, aber keine Kinder mehr kriegen wollen. Was Japan heute in der technologischen Entwicklung bedeutet, ist nicht weniger faszinierend als der Reiz seiner Gegenwartskultur. Leistungen und Produkte beider Bereiche sind vielleicht weithin bekannt, aber dennoch gibt es dazu viele Fragen. Einige beantworten wir, so knapp, wie es der gesteckte Rahmen verlangt, und in der Hoffnung, zu weiteren Fragen anzuregen, Neugier zu wecken, Neugier auf ein Land, dessen geistige Führer vor 125 Jahren «raus aus Asien» riefen, um den Weg der Verwestlichung einzuschlagen, und das sich heute, wo der Zauber des Westens zu verblassen beginnt, wieder vermehrt Asien zuwendet. Japan ist immer wieder eigene Wege gegangen. Wo steht es heute, und wohin wendet es sich? Wenn wir mit den 101 Fragen dazu beitrügen, das etwas besser zu verstehen, hätte sich die Mühe, sie zu formulieren und zu behandeln, gelohnt. Dazu überredet, diese Aufgabe zu übernehmen, hat uns Herr Dr. Sebastian Ullrich vom Beck Verlag, dem wir dafür dankbar sind, da wir durch ihre Erfüllung selbst viel gelernt haben.

F.C., J.S.
Tokyo im Dezember 2010

Geschichte

1. Bedeutet *Nippon* Japan? *Nippon* oder *Nihon* ist die heutige Aussprache der beiden chinesischen Zeichen, mit denen der Name des Landes geschrieben wird. Das erste, *ni*, bedeutet «Sonne» und das zweite, *hon*, «Ursprung», das Land der aufgehenden Sonne also. Diese Bezeichnung lässt ihre Herkunft aus einer Welt erkennen, in deren Mittelpunkt China stand, denn Japan liegt im Osten Chinas, dort, wo die Sonne aufgeht. Geprägt hat sie Prinz Shotoku (574–622), der bestrebt war, im diplomatischen Verkehr mit China den dort üblichen, etwas abfälligen Namen seines Landes, *Wakuo*, durch eine gefälligere Bezeichnung zu ersetzen. In Europa war im späten Mittelalter die Bezeichnung *Zipangu* (auch *Cipango*) gebräuchlich. Sie findet sich in den Reiseberichten Marco Polos, der von den sagenhaften Reichtümern dieses Landes schwärmte, das er aber nie selber besucht hatte. Heute wird sie nur noch scherzhaft oder folkloristisch verwendet, z. B. auf Namensschildern von Restaurants.

Die Sonne ziert auch die japanische Flagge, genannt *Hinomaru* oder *Nisshōki*, «Sonnenkreisflagge», die sie als roten Kreis auf weißem Grund zeigt. Seit 1870 segelte die japanische Handelsflotte unter dieser Flagge, und international wird sie schon lange mit Japan identifiziert, z. B. bei olympischen Spielen. Zum offiziellen Hoheitszeichen wurde sie aber erst 1999 durch ein Gesetz. Ein solches ins Parlament einzubringen fühlte sich die Regierung veranlasst, weil in Kreisen der Bevölkerung Vorbehalte gegen das Flaggen bei offiziellen Anlässen bestanden. Insbesondere Pazifisten, Lehrer und viele Eltern lehnen das Hissen der Flagge bei Schulzeremonien auch heute noch ab, weil sie dieselbe mit dem Ultranationalismus der 1940er Jahre in Verbindung bringen. Das Sonnenbanner mit Strahlen hat keinen offiziellen Status. Während des Zweiten Weltkriegs wurde es von der Kriegsmarine verwendet. Heutzutage ist es nur gelegentlich bei Veranstaltungen rechter Gruppen zu sehen.

2. Wie alt ist das japanische Kaiserhaus? Die japanische Monarchie ist die älteste Erbmonarchie der Welt. Nominell ist Kaiser Akihito, der am 7. Januar 1989 seinem Vater Hirohito auf dem Chrysanthementhron folgte, der hundertfünfundzwanzigste Tennō in ununterbrochener Folge. Nach den ältesten offiziellen Reichsgeschichten, *Kojiki*, «Aufzeichnungen alter Begebenheiten» (712 u. Z.), und *Nihon Shoki*, «Chronik Japans in einzelnen Schriften» (720 u. Z.), wurde die Dynastie 660 v. u. Z. von Jimmu Tennō begründet, der direkt von der Sonnengöttin Amaterasu Ōmikami abstammte, seiner Großmutter. Seiner Thronbesteigung wird traditionell am 11. Februar, dem Staatsgründungstag, gedacht.

Die ersten vierzehn der in den Chroniken aufgeführten Kaiser sind legendär. Mit dem fünfzehnten Kaiser Ōjin tritt die Dynastie nach Auffassung moderner Historiker im 5. Jahrhundert u. Z. in die Geschichte ein. Den Titel Tennō, wörtlich «Himmelsfürst», haben, soweit die belegte Geschichte zurückreicht, alle japanischen Monarchen getragen. Nach chinesischem Vorbild verband der Tennō im 7. und 8. Jahrhundert die Funktionen des weltlichen Fürsten mit der des Oberpriesters. Der weltlichen Machtausübung stand der Tennō dagegen meistens fern und delegierte die Regierungsgewalt an Beamte und Krieger. Ende des 12. Jahrhunderts etablierte sich neben dem kaiserlichen Hof eine Militärregierung, in deren Händen die faktische Staatsmacht lag. Von 1192 bis 1867 war der Rang des «obersten Feldherrn», Shōgun, erblich.

In der Edo-Zeit (1600–1868) war der Tennō mehr denn je Kaiser von Shōguns Gnaden. Der Hofadel wurde in der Umgebung des Kaiserpalasts in Kyoto angesiedelt, der durch Einkünfte aus den Ländereien des fernab in Edo residierenden Shōgun finanziert wurde. Der Tennō lebte in Wohlstand, Komfort und Bedeutungslosigkeit unter dem strengen Regiment des Shōgun. Während der ganzen Edo-Zeit hat kein Inhaber des kaiserlichen Throns den Palast in Kyoto je verlassen.

Die Macht des Tennō war über weite Strecken der Geschichte äußerst beschränkt, wie sie es auch heute ist. Dennoch war die Institution des Kaiserhauses für das japanische Selbstverständnis und die Entwicklung zum Nationalstaat sehr bedeutend. Dem Shōgunat diente sie zur Legitimation seiner Herrschaft, und politischen Denkern des 17. und 18. Jahrhunderts als Bezugspunkt eines nationalen Mythos, in dessen Zentrum der Kaiser als Vermittlungsinstanz zwischen Göttern und Menschen stand. Die Ehrerbietung, die das Shōgunat dem Tennō entgegenbrachte, war die Grundlage des Friedens im Lande und einer gerechten Herrschaft. Nach der heutigen Verfassung ist der Tennō «das Symbol des Staates und der Einheit des Volkes», und das Alter der Dynastie ist Gegenstand des Stolzes vieler Japaner.

3. Welche Epochen kennt die japanische Geschichtsschreibung?

Als Engelbert Kaempfer, einer der ersten europäischen Japanforscher von bleibender Bedeutung, im Oktober 1690 in Kyushu landete, schrieb man in Japan das dritte Jahr *Genroku*, das auf die Thronbesteigung Kaiser Higashiyamas 1688 Bezug nimmt. *Genroku* bedeutet «ursprüngliches Glück» und ist der Name der Ära, die 1703 mit dem verheerenden Erdbeben in Edo endete. Eine neue Ära bzw. Jahresdevise (*nengō*) wurde stets, aber nicht nur, anlässlich eines Wechsels auf dem kaiserlichen Thron ausgerufen. In Japan ist das System der Jahresdevisen seit über 1400 Jahren in Gebrauch. Da jede Ära mit dem Jahr 1 beginnt, ist es nicht einfach, in der japanischen Geschichte den Überblick zu behalten. Die Lokalisierung eines Ereignisses im Laufe der Zeit geschieht durch die Ergänzung der Ärajahreszahl durch ein Jahr in dem sechzigjährigen Zyklus des chinesischen Kalenders, der 12 Tierkreiszeichen mit 10 Kalenderzeichen in Beziehung setzt. Das Jahr 3 der Genroku-Ära war ein Jahr *kanoeuma*, ein Jahr des Pferdes mit dem siebten Kalenderzeichen.

Der zentrale Begriff der japanischen Geschichtsschreibung ist «Ära» (*jidai*), der allerdings in teils sehr unterschiedlicher Bedeutung verwendet wird. So erstreckt sich die prähistorische *Jōmon-jidai*, nach Keramikfunden mit Schnurmustern (*jōmon*) benannt, über die rund 10 000 Jahre seit der frühesten Besiedlung bis ins dritte Jahrhundert v. u. Z. Die plastische Kunst der Yayoi hat der folgenden, immer noch vorgeschichtlichen *Yayoi-jidai* ihren Namen gegeben, die bis ins 4. Jahrhundert u. Z. dauerte. Es folgt bis ins 7. Jahrhundert die Yamato-Zeit, während der sich die politische Macht in Yamato, dem Kerngebiet des alten Japans in der heutigen Präfektur Nara, zu konzentrieren begann.

Auch die folgenden vier Epochen sind nach dem jeweiligen Zentrum der Macht in Nara, Heian-kyō (Kyoto), Kamakura und Muromachi, einem Bezirk Kyotos, benannt. In der Nara- und Heian-Zeit lag die politische Macht in den Händen einflussreicher Familien des Hofadels. Mit der Verlegung des Regierungssitzes nach Kamakura ging sie an den Schwertadel über, der Japan mit dem Shōgun an der Spitze fast 700 Jahre lang regierte, während der kaiserliche Hof, von kurzen Perioden ungeregelter Herrschaft abgesehen, in Kyoto war. Der Anfang der Kriegerherrschaft markiert in der verwestlichten Periodisierung der japanischen Geschichte den Übergang vom Altertum zum Mittelalter. Letzteres umfasst das erste Shōgunat in Kamakura und das zweite in Muromachi.

Die darauf folgende Azuchi-Momoyama-Zeit, die durch Versuche der Reichseinigung nach jahrzehntelangen Bürgerkriegen in der auch als «Zeit der streitenden Reiche» bekannten späten Muromachi-Zeit gekennzeichnet war, fällt ins ausgehende Mittelalter. Für manchen Historiker gehört die Azuchi-Momoyama-Zeit bereits in die frühe Neuzeit, die insgesamt jedoch mit der Edo-Zeit identifiziert wird. 1603 errichtete Ieyasu aus dem Hause Tokugawa in der neuen Stadt Edo das dritte Shōgunat. Ihm folgten vierzehn weitere Tokugawa-Shōgune, die Japans Geschicke bis Mitte des 19. Jahrhunderts lenkten. Die zweieinhalb Jahrhunderte der Tokugawa-Herrschaft sahen bei Aufrechterhaltung feudaler Strukturen eine Konsolidierung der Zentralgewalt, die Befriedung des Landes und die Transformation der Krieger (Samurai) zu Beamten. Diese Epoche wird sowohl *Edo-jidai* als auch *Tokugawa-jidai* genannt, obwohl beide streng genommen nicht ganz synchron sind. Denn die Hegemonie der Tokugawa begann 1600 mit dem Sieg Ieyasus in der Schlacht von Sekigahara, die Edo-Zeit aber erst 1603 mit seiner Ernennung zum Generalissimus.

Da die gängigen Epochen der Geschichtsschreibung sich zum Teil über mehrere Jahrhunderte erstrecken, wie z. B. die Heian-jidai und die Tokugawa-jidai, spricht man außerdem von anderen, weniger langen Jidai, wie etwa der kulturgeschichtlich bedeutsamen Genroku-jidai, während der Engelbert Kaempfer nach Japan kam, die gänzlich in die Tokugawa-jidai fällt. Eine Chronologie nach dem gregorianischen Kalender führte Japan erst 1873 ein, und erst seit der Meiji-Zeit (1868–1912) stimmen Regierungszeiten der Kaiser und Jahresdevisen überein.

christliche Zeitrechnung	**japanische Einteilung**	**sozialgeschichtliche Einteilung**	**verwestlichte Einteilung**
10 000 v. u. Z.–300 v. u. Z. 300 v. u. Z.–300 u. Z.	Jōmon-Zeit Vorgeschichtliche Zeit Yayoi-Zeit		
300 700	Yamato-Zeit	Zeitalter der Klans	(primitive) Urzeit
	Nara-Zeit (710–794)	Zeitalter des Hofadels (*kuge*)	Altertum
1000 1200	Heian-Zeit (794–1185)		
1300	Kamakura-Zeit (1185–1333)	Zeitalter des Schwertadels (*Buke*)	Mittelalter
1400 1500	Muromachi-Zeit (1333–1568)		
1600	Azuchi-Momoyama-Zeit		Frühe Neuzeit
1700 1800	Edo-Zeit (1600–1868)		
1900	Meiji-Zeit (1868–1912)		Neuzeit
	Taisho-Zeit (1912–1926)		
2000	Shōwa-Zeit (1926–1989)		
	Heisei-Zeit (1989–)		

4. Ist ein Samurai so etwas wie ein Ritter? Funde und Überlieferungen der Frühgeschichte belegen, dass es Krieger in Japan immer gab. Sie waren aber noch keine Samurai, sondern Bauern, die bei Bedarf in den Kampf zogen. Das änderte sich in der Heian-Zeit (794–1185). Der Kaiserhof setzte auf Elite-Einheiten. Sie wurden von Mitgliedern des niedrigeren Hofadels oder von lokal angesehenen Familien geführt, die ihre eigenen Vasallen rekrutierten. Diese gut ausgebildeten und berittenen Spezialeinheiten (*Bushi*) mussten im Namen des Kaisers für Ordnung und Verteidigung sorgen. Ihre wichtigste Aufgabe aber war es, von den Pächtern der staatlichen Ländereien «den Zehnten» einzutreiben.

In den Provinzen gab es auch privaten Landbesitz. Die Eigentümer – lokale Elitenfamilien und Großbauern – beschäftigten zur Verteidigung und Ausdehnung ihrer Liegenschaften ebenfalls *Bushi*. Krieger war ein Beruf geworden. Man schloss sich zusammen in sogenannten *Bushidan*, Verbänden mit einer strengen inneren Hierarchie. Die Grundherren und ihre *Bushidan* bekämpften andere Klans oder verbündeten sich miteinander. Um diese Zeit, Mitte des 10. Jahrhunderts, wurde aus den berittenen Vasallen (auf Japanisch *Samurai*) ein eigener Stand der Feudalgesellschaft. Ihr Ansehen hing von dem ihres Herrn ab, mit dem sie unverbrüchliche Loyalität verband. Sie lebten von den Abgaben der Bauern. In viel geringerem Maße als die europäischen Ritter, die ebenfalls von den Bauern ernährt wurden, bildeten die Samurai eine geschlossene Schicht. Bauern konnten Samurai werden; Samurai beackerten manchmal das Feld.

Ende des 12. Jahrhunderts war die Macht des Kaiserhauses so geschwächt, dass Yoritomo vom Minamoto-Klan die erste Militärregierung bilden konnte. Mit ihm hatte nicht mehr der Hofadel, sondern der Kriegerstand das Sagen. Weil das Schwert, auch das «Herz des Samurais» genannt, die wichtigste Waffe der Krieger war, spricht man auch von *Buke*, «Schwertadel». Yoritomo ließ sich selbst «Shōgun» (Generalissimus) nennen. Die Grundherren und ihre Samurai sorgten nun im Namen des Shōgun für Ordnung, Verteidigung und Steuereintreibung. Das Ansehen der Samurai nahm zu. Sie standen hoch über den Handwerkern und Bauern, die als Leibeigene ans Land gebunden waren. Im Laufe der Jahrhunderte entstand eine neue Klasse von Samurai, die Ländereien mit einem Ertrag von mindestens 10 000 *koku* (ein *koku* ist 180 Liter) Reis hatten. Diese *Daimyō* (Landesfürsten) bauten sich Schlösser und Wohnviertel für ihre Vasallen, um sich gegen andere *Daimyō* und Banditen zu verteidigen. Da Bauern diese Viertel nicht betreten durften, wuchs der Abstand zwischen ihnen und den Samurai weiter.

In der Zeit des Shōgunats nahm der Einfluss des Buddhismus zu. Wegen der von ihm empfohlenen abgeklärten Lebensweise und der Betonung der Tat gegenüber dem Wort fand vor allem der Zen-Buddhismus bei den Samurai Anklang. Daraus entstand das Ethos der

Samurai: Selbstdisziplin, Selbstlosigkeit und Gleichgültigkeit dem Leben und dem Tod gegenüber, sowie Vervollkommnung des eigenen Handelns.

Das dritte Shōgunat unter der Herrschaft des Tokugawa-Klans (1603–1867) brachte Japan inneren Frieden. Die Samurai blieben der herrschende Stand, verloren aber ihren kriegerischen Habitus. Manche wurden Regierungsbeamte, für die meisten aber gab es keine Arbeit. Der von Intellektuellen formulierte Ehrenkodex des *Bushidō*, «Weg des Kriegers», war eine Reaktion auf dieses Problem. Dieser romantisierte den Kriegergeist und beschwor ständige Bereitschaft zum Kampf. Der Umgang mit der Waffe, Schwert, Pfeil und Bogen, und Selbstverteidigungstechniken wurden zu Kunstformen sublimiert, die bis heute als Kampfsportarten wie Judō, Kendō, Kyūdō und Aikidō gepflegt werden.

Im Zuge der Meiji-Reformen wurde der Samurai-Stand 1871 offiziell abgeschafft, aber sein Mythos lebte fort. Mit dem 1899 auf Englisch verfassten Buch «Bushido» von Nitobe Inazo fand der Ehrenkodex der Samurai, der Loyalität, Zuverlässigkeit, Mut, Besonnenheit, Opferbereitschaft und Gruppenzugehörigkeit preist, im Westen Verbreitung und verfehlte auch in Japan nicht seine Wirkung. Viele Japaner identifizierten sich mit dieser Lebensart, ohne damit je in Berührung gekommen zu sein, da sie auf ihre Kultur prägend gewirkt hatte. Die Tugenden der *Bushi* werden immer noch gerne als Vorbild zitiert. Das zeigt die Menge von Samurai-Produktionen für Film und Fernsehen.

5. Warum schloss Japan Anfang des 17. Jahrhunderts seine Grenzen? Von Anfang des 17. bis Mitte des 19. Jahrhunderts verfolgte Japan die sogenannte Abschließungspolitik, die den Verkehr mit dem Ausland streng begrenzte. Dafür gab es zwei Gründe, erstens die Abwehr der christlichen Missionstätigkeit und zweitens die Unterwerfung aufständischer Fürsten durch das *Bakufu*, die Militärregierung mit dem Shōgun an der Spitze. Beide standen miteinander in Zusammenhang.

Im 16. Jahrhundert entfaltete sich ein reger Handel zwischen Japan und Südostasien, wo japanische Handelsniederlassungen gegründet wurden. An diesem Handel beteiligten sich sehr wesentlich die Portugiesen, die um die Mitte des Jahrhunderts die ersten christlichen Missionare ins Land brachten. In Japan war diese Zeit durch soziale

Unruhen, Bürgerkrieg und das Fehlen einer effektiven Zentralregierung gekennzeichnet. Die Jesuiten und Franziskaner machten sich das zunutze, indem sie je nach Opportunität die Nähe verfeindeter Lehnsherren suchten. Einige von ihnen, vor allem im Südwesten Japans, konvertierten, da sie dadurch den profitablen Handel mit den Portugiesen zu fördern hofften.

Toyotomi Hideyoshi, in den 1580er Jahren kaiserlicher Regent, Großkanzler und mächtigster Mann Japans, beobachtete mit Misstrauen, dass die Christen sich in politische Auseinandersetzungen einmischten, und verbot deshalb 1587 die Zwangsbekehrung. Streitigkeiten zwischen Jesuiten und Franziskanern verstärkten Hideyoshis Antipathie gegen die fremde Religion. Nach seinem Tod 1598 kam Tokugawa Ieyasu an die Macht und begründete das Shōgunat der Familie, die das Land zweieinhalb Jahrhunderte regieren sollte. Gleichzeitig kamen die ersten holländischen Handelsschiffe aus Batavia nach Japan. Unter Ieyasu wurde die christliche Missionstätigkeit weiter eingeschränkt, und unter Iemitsu, dem dritten Tokugawa-Shōgun, wurden die Missionare des Landes verwiesen und die Ausübung der christlichen Religion verboten. Die protestantischen Holländer, die an Kommerz mehr Interesse hatten als an Bekehrung, waren unterdessen zur beherrschenden Macht in Südostasien geworden und hatten die Oberhand über die portugiesische, spanische und britische Konkurrenz gewonnen.

Die Ausdehnung des Handels war für das Shōgunat ebenso bedrohlich wie die christliche Missionstätigkeit, da er von den Fürsten im Südwesten des Landes ohne seine Beteiligung und Kontrolle betrieben wurde. Handelsfaktoreien der Fremden wurden teils geschlossen, teils unter strikte Kontrolle des *Bakufu* gestellt. Seit Beginn der Abschließungspolitik 1633 waren die Holländer die einzigen Europäer, die ein Handelsprivileg genossen. 1641 wurde ihre Faktorei in Hirado, wo auch die portugiesischen Handelsschiffe zu landen pflegten, geschlossen und auf die künstliche Insel Deshima im Hafen von Nagasaki verlegt. Gleichzeitig wurde es Japanern verboten, ihrerseits mit Handelsschiffen nach Übersee zu fahren oder aus anderen Gründen das Land zu verlassen. Mit China und Korea trieb Japan aber weiterhin Handel. Rund zweihundert Jahre lang war die Begrenzung der Beziehungen zu Europa auf die holländische Handelsfaktorei in Deshima ein bestimmendes Element der japanischen Politik und des Regimes der Tokugawa.

6. Warum trieb Japan im 17. und 18. Jahrhundert nur mit Holland Handel? Den ehemaligen holländischen Handelsstützpunkt in Deshima ziert heute ein Museum, in dem der Versuch des Feudalregimes der Tokugawa dokumentiert wird, Japan von außen kommende schädliche Einflüsse zu ersparen und gleichzeitig nützliche Einflüsse aufzunehmen. In Anbetracht der Tatsache, dass Japan während der ganzen Edo-Zeit (1600–1868) in keinen Krieg verwickelt war und als eines der wenigen asiatischen Länder der Kolonialisierung und Ausbeutung durch europäische Mächte entging, ist dieser Politik ein gewisser Erfolg nicht streitig zu machen. Der Preis, der dafür gezahlt wurde, war die Abkoppelung von manchen technischen und wissenschaftlichen Entwicklungen im Europa der Renaissance. Denn das Fenster, aus dem Japan während der Zeit der Abschließung auf die Welt blickte, war klein.

Neue Errungenschaften aus Europa erreichten Japan nur über Deshima und nur auf Niederländisch. Niederländisch war die einzige europäische Sprache, die mit Erlaubnis der Tokugawa-Regierung systematisch gelernt wurde. Die Niederländisch-Dolmetscher (*Oranda Tsūji*) waren gelehrte Leute, die in Nagasaki stationiert waren, wo ihnen immer mehr offizielle Aufgaben übertragen wurden: die Inspektion der holländischen Schiffe, die Übersetzung ihrer Frachtlisten und die Begleitung des Vorstehers der Faktorei (*Opperhoofd*) auf seiner jährlichen Reise nach Edo zur Audienz beim Shōgun, dem Geschenke zu überreichen waren und dem über neue Entwicklungen in Europa berichtet werden musste. Der Chefdolmetscher stand einem Büro vor, in dem bei seiner Auflösung Mitte des 19. Jahrhunderts 140 Beamte arbeiteten. Sein Amt war erblich.

Die Dolmetscher widmeten sich auch dem Studium der Bücher, die aus Holland importiert wurden, Bücher über so vielfältige Bereiche wie Botanik, Medizin, Chemie, Mathematik, Ballistik, Navigation, Geographie, Handel, Astronomie, Sitten und Bräuche anderer Länder, Geldwesen und natürlich Niederländisch. Danach wurde dieser Zweig der Wissenschaft im Unterschied zur klassisch chinesischen Bildung «Hollandkunde» oder *Rangaku* genannt, nach *Oranda*, Holland. Die Vertreter dieser Wissenschaft hießen *Rangakusha*, Niederlandisten. Deshima spielte als Relaisstation der Beziehungen zu Europa eine Schlüsselrolle. Für die Holländer war der Warenaustausch mit Japan profitabel, für Japan vor allem der Erwerb von Kenntnissen über wissenschaftliche und technische Verfahren.

Besonders in der zweiten Hälfte des 18. Jahrhunderts blühte die Hollandkunde auf, die sich von der traditionellen Wissenschaft durch induktiv-analytische Methoden und ihre Anwendung auf konkrete Probleme unterschied. So war etwa die japanische Mathematik (*wasan*) relativ hoch entwickelt, wurde aber ohne praktischen Bezug betrieben, während die westliche Mathematik in Geographie, Astronomie, Ballistik und anderen Wissenschaften genutzt wurde. Ähnlich betrachtete die traditionelle (chinesische) Medizin stets den ganzen Körper, während die von den Holländern praktizierte Medizin auf analytischen Kenntnissen der Anatomie beruhte. Die Leistungen auf diesem Gebiet wurden von der Tokugawa-Regierung besonders gewürdigt, weswegen die Holländer bei der Auswahl der Schiffsärzte, die nach Deshima geschickt wurden, sehr sorgfältig vorgingen, um sich deren Gunst zu erhalten. Einige von ihnen waren nur pro forma Holländer wie Engelbert Kaempfer aus Lemgo (1690–1692 in Deshima), der Schwede Carl Peter Thunberg (1775–1776) und der Würzburger Philipp Franz von Siebold (1823–1829). Der Import westlicher Wissenschaft während der Edo-Zeit war begrenzt, erwies sich nach dem Niedergang des Tokugawa-Shōgunats aber dennoch als wichtige Voraussetzung für die rasche Modernisierung des Landes.

7. Warum und seit wann heißt Tokyo «Tokyo»? *Nihonbashi* bedeutet «Brücke von Japan» und ist ein Stadtteil im Herzen Tokyos. Hier ist seit der frühen Edo-Zeit der Nullpunkt des Straßennetzes im ganzen Land. Gegenstand zahlloser Holzschnitte, war *Nihonbashi* damals schon das Zentrum der Residenzstadt des Shōguns. Heute befinden sich in dem Viertel die Tokyoter Börse, die Bank von Japan, ein großes Kaufhaus und viele Bürohochhäuser. Die Brücke, nach der es benannt ist, steht etwas verborgen im Schatten einer Stadtautobahn. Sie wurde 1911 erbaut. Die in Bronze gegossene Inschrift «Nihonbashi» gibt die Handschrift des letzten Shōgun Tokugawa Yoshinobu wieder. Als er dazu aufgefordert wurde, zu diesem Zweck eine Kalligraphie anzufertigen, war er schon lange nicht mehr Shōgun, und die Stadt, deren Name gleichbedeutend mit dem seiner Familie war, die Japan 265 Jahre lang beherrscht hatte, hieß nicht mehr Edo, sondern Tokyo.

Yoshinobu verkörpert den Übergang von der Edo-Zeit zur Meiji-Zeit. 29-jährig wurde er am 10. Januar 1867 Shōgun. Die Regierungszeit seines Vorgängers Iemochi (1858–1866) war von inneren Unruhen gekennzeichnet, die vor allem durch die Bedrohung von Seiten Amerikas verursacht worden waren. Drei Wochen nach seiner Amtsübernahme starb Kaiser Komei, dessen erst 15-jähriger Sohn Mutsuhito ihm am 31. Januar auf dem Thron folgte. Durch aufständische Klans im Westen des Landes war die Tokugawa-Regierung geschwächt. Mit Hilfe französischer Militärberater versuchte Yoshinobu nach seinem Amtsantritt die Autorität des Shōgunats noch einmal wiederherzustellen, aber einige mächtige Fürsten (*Daimyō*) erkannten, dass sich das Feudalregime der Tokugawa überlebt hatte. Sie zwangen Yoshinobu durch die militärische Einnahme Kyotos, wo sie den jungen Meiji-Tennō in ihrer Gewalt hatten, zur Abdankung. Der Weg zu einer Neuordnung des Staates wurde am 10. November 1867 durch den kaiserlichen Erlass zur Wiederherstellung der kaiserlichen Herrschaft frei gemacht.

Die Tokugawa hatten die Macht verloren, aber die übrigen Landesfürsten gaben ihre Lehen ebenfalls an den Kaiser zurück. Nach seiner kurzen stürmischen Regierungszeit führte Yoshinobu ein zurückgezogenes Leben in Shizuoka. Das Schloss der Shōgune wurde zum kaiserlichen Palast. Um dem Beginn einer neuen Epoche symbolisch Ausdruck zu geben, wurde die kaiserliche Hauptstadt von Kyoto nach Edo verlegt und die Stadt am 3. September 1868 in Tokyo umbenannt, was «östliche Hauptstadt» bedeutet. Kurz darauf, am 23. Oktober, zog der Kaiser nach Tokyo. Aus diesem Anlass wurde eine neue Jahresdevise verkündet: Meiji, die Epoche der «aufgeklärten Regierung». So ging die feudale Epoche der Tokugawa-Zeit in Edo zu Ende, während Japans Moderne in Tokyo begann. Eine radikale Epochenschwelle, aber manches wurde in die neue Zeit hinübergerettet, wie der Schriftzug von der Hand des letzten Tokugawa-Shōguns auf der Brücke von Japan.

8. Warum schickte Japan 1871 eine Sondergesandtschaft um die Welt? Mit dem Ende der Tokugawa-Dynastie kam auch das Ende der von ihr verfolgten Isolationspolitik. Durch diese hatte sich Japan den Frieden gesichert, war aber auch hinter manchen internationalen Entwicklungen zurückgeblieben. Am deutlichsten wurde dies durch die «ungleichen Verträge», die Japan ab 1854 von den Vereinigten Staaten und europäischen Mächten aufgezwungen wurden. Sie schränkten Japans Souveränität durch Extraterritorialrechte ein und beinhalteten unvorteilhafte Handelsbedingungen.

Das oberste Ziel der Politiker, die im Zuge der Meiji-Restauration an die Stelle der Tokugawa-Regierung traten, war die Revision der «ungleichen Verträge». Sie erkannten, dass sie dieses ohne die Übernahme westlicher Praktiken nicht erreichen würden und unternahmen daher vielfältige institutionelle und wirtschaftliche Reformen. Westliche Berater wurden ins Land geholt, und um sich ein Bild von fortschrittlichen Ländern zu machen, wurden mehrfach Gesandtschaften nach Übersee geschickt.

Die bedeutendste dieser Gesandtschaften war die Iwakura-Mission, mit der vom 23. Dezember 1871 bis 13. September 1873 unter Führung des stellvertretenden Ministerpräsidenten Tomomi Iwakura als Außerordentlichem und Bevollmächtigtem Botschafter die halbe japanische Regierung um die Welt reiste. Sie überquerte den Pazifik und den amerikanischen Kontinent mit Besuchen in San Francisco, Salt Lake City, Chicago, Washington und Boston, um danach, ab Mitte August 1872, nahezu ein Jahr lang Europa zu bereisen. Die wichtigsten Stationen waren London, Paris, Den Haag, Brüssel, Berlin, St. Petersburg, Wien, Rom und Bern.

Das vordringlichste Anliegen der Reise war die Anerkennung Japans als gleichwertigen Partner durch die westlichen Mächte. Das setzte die Abänderung der «ungleichen Verträge» voraus. Dieses Ziel erreichte die Iwakura-Mission nicht. In anderer Hinsicht jedoch war sie ein Erfolg. Die Delegation konnte die westlichen Regierungen davon überzeugen, dass Japan auf dem Weg tiefgreifender Reformen von Staat, Wirtschaft und Gesellschaft nach westlichen Maßstäben war. Und einflussreiche Mitglieder der politischen Elite konnten sich durch eigene Anschauung von der Überlegenheit der westlichen Länder in Industrie und Technik überzeugen. Insofern erfüllte die Iwakura-Mission ihren Zweck. Zusammen mit einigen anderen kleineren Sondergesandtschaften exemplifiziert sie den Willen der japanischen Führungsschicht, die Entwicklung ihres Landes nicht nur geschehen zu lassen, sondern durch eine gezielte Modernisierungspolitik aktiv zu gestalten.

9. Wie wurde Japan zur Großmacht? Da sie mit diplomatischen Mitteln keine Revision der «ungleichen Verträge» bewirken konnten, sahen die Japaner die einzige Möglichkeit, dieses Ziel zu erreichen und weitere Übergriffe der westlichen Mächte zu verhindern, in der Modernisierung des Landes und einer Politik der Stärke. Der Slogan *fukoku* *kyōhei* («das Land bereichern und das Militär stärken») wurde zur Leitlinie der Politik, deren konsequente Verfolgung Japan schnell zur regionalen Vormacht werden ließ. Die Regierung unternahm größte Anstrengungen für den Aufbau militärisch bedeutsamer Industrien, insbesondere Rüstung, Transport und Kommunikation. Rüstungsausgaben machten in den 1880er Jahren um 20 % des Staatshaushalts aus; bis 1890 stiegen sie auf 40 % an.

Japan erwies sich rasch als gelehriger Schüler der imperialen Mächte. Dem Beispiel der selbst erlittenen amerikanischen Kanonenbootdiplomatie folgend, zwang es Korea 1876 den Vertrag von Ganghwa auf, mit dem es sich ähnliche Rechte sicherte, wie die Westmächte sie in Japan genossen. 1879 annektierte Japan das bis dahin halbautonome Königreich der Ryūkyū-Inseln, der heutigen Präfektur Okinawa, die näher bei Taiwan als bei den japanischen Hauptinseln sind. In den 1880er Jahren rivalisierten Japan und China um Einfluss in Korea, was wiederholt zu Spannungen führte, die 1894 in den Ersten Japanisch-Chinesischen Krieg mündeten. Japan konnte diesen Waffengang für sich entscheiden. Nach dem Friedensvertrag von Shimonoseki (April 1895) musste China Koreas Unabhängigkeit anerkennen, die Liaoning-Halbinsel und Taiwan an Japan abtreten und Reparationen zahlen.

Diesem ersten Erfolg von Japans Expansionspolitik auf dem Kontinent folgte bald eine weitere Intervention in China. Japan beteiligte sich 1900 an der Seite von Großbritannien, Österreich-Ungarn, dem Deutschen Reich, Russland, Frankreich, Italien und Amerika an der Niederschlagung des Boxeraufstands, einer Bewegung gegen den europäischen, amerikanischen und japanischen Imperialismus. Das japanische Expeditionskorps war das größte dieser internationalen Intervention, Beweis dafür, dass Japan zu einer ernst zu nehmenden Militärmacht geworden war. Die Weltmacht England honorierte diese Anstrengung 1902 mit einem Abkommen, das Neutralität im Falle eines Krieges mit einem anderen Land (gemeint war Russland) versprach.

Der nächste Konflikt zog am Horizont herauf, denn während des Boxeraufstands hatte Russland Truppen in die Mandschurei verlegt, um seinen Einfluss dort und auf der koreanischen Halbinsel auszudehnen. Japan sah seine eigenen Interessen in diesen Gebieten dadurch gefährdet. Nach fruchtlosen Verhandlungen mit dem Zarenreich, in denen Japan die Mandschurei als russische Einflusssphäre zu akzeptieren anbot, wenn Russland Japans Vorrechte in Korea anerkannte, griff Japan 1904 die russische Flotte in Lu Shun (Port Arthur) an. Unter empfindlichen Verlusten errang Japan den Sieg. Zum ersten Mal hatte ein nicht-europäisches Land eine imperiale Großmacht geschlagen und war so zu einer der Ihren geworden. Im Juli schloss Japan mit den USA ein Geheimabkommen, in dem beide Mächte ihre Herrschaft über Korea bzw. die Philippinen anerkannten. Im August folgte ein entsprechendes Abkommen mit England bezüglich Indien und Korea. Dadurch ermutigt, machte Japan Korea 1910 durch Annexion zum integralen Bestandteil des Reiches. 1911 schloss es mit den Mächten neue Verträge, durch die seine Zollautonomie wiederhergestellt wurde.

10. Wann begann für Japan der Zweite Weltkrieg? In Europa begann der Zweite Weltkrieg am 1. September 1939, als das Deutsche Reich Polen angriff, obwohl Großbritannien und Frankreich dessen Unabhängigkeit garantiert hatten. In Ostasien werden in diesem Zusammenhang der 7. Juli 1937, als der Zweite Japanisch-Chinesische Krieg ausbrach, und der 7. Dezember 1941, als japanische Flugzeuge die amerikanische Pazifikflotte in Pearl Harbor bombardierten, genannt. Beide Zeitpunkte markieren wichtige Etappen des Krieges, aber Japans Expansion in Ostasien hatte schon früher begonnen. Seit dem Russisch-Japanischen Krieg von 1904/05 war Japan eine regionale Großmacht mit Interessen auf dem Kontinent.

Die Weltwirtschaftskrise von 1929 hatte auch Japan in Mitleidenschaft gezogen. Die Kolonialisierung der Mandschurei zu intensivieren, betrachteten viele japanische Politiker als geeignetes Mittel, um die daraus resultierenden Schwierigkeiten zu überwinden. Nach dem Russisch-Japanischen Krieg hatten die Japaner dort die Südmandschurische Eisenbahn gebaut. Im September 1931 sprengten japanische Agenten die Schienen in der Nähe von Mugden, dem heutigen Shenyang, wodurch ein Vorwand zur Entsendung japanischer Truppen und für die Besetzung der Mandschurei geschaffen wurde. Japan machte daraus den Marionettenstaat Mandschukuo, der am 18. Februar 1932 für unabhängig erklärt wurde.

Selbst vom Bürgerkrieg zerrissen, konnte China Japans Expansion nichts entgegensetzen, aber die antijapanische Stimmung dort nahm zu. Ein Boykott japanischer Waren und Handelsschiffe verschlechterte das Verhältnis, und nachdem in Shanghai einige japanische

Mönche misshandelt worden waren, bombardierte Japan die Stadt. Im Mai 1932 wurde ein Waffenstillstand vereinbart, aber Japan drang von Mandschukuo weiter nach China vor. Chiang Kai-shek, seit 1925 der starke Mann Chinas, der in einer Militärakademie in Tokyo ausgebildet worden war, konzentrierte sich in dieser Zeit auf den Kampf gegen die Kommunisten und ließ die Japaner gewähren. Erst durch den «Zwischenfall an der Marco Polo-Brücke» in der Nähe Pekings, wo chinesische Truppen am 7. Juli 1937 angeblich japanische Einheiten angegriffen hatten, wurde Chiang Kai-shek in den Zweiten Japanisch-Chinesischen Krieg gezwungen.

Japans Hoffnung, diesen Krieg schnell zu gewinnen, scheiterte am Widerstand der Chinesen und den Opfern, die deren eigene Führer ihnen zumuteten. So kostete Chiangs Strategie, in der Provinz Henan Deiche am Gelben Fluss zu sprengen, um die japanische Armee aufzuhalten, geschätzte 890 000 Tote. Nach schweren Kämpfen erreichten japanische Truppen im Dezember 1937 die damalige Hauptstadt Nanking, schlossen die Stadt ein und bombardierten sie. Nachdem die japanische Armee Nanking eingenommen hatte, richtete sie dort ein Blutbad an, das als «Massaker von Nanking» in die Geschichte eingegangen ist und bis heute die chinesisch-japanischen Beziehungen überschattet.

Als Reaktion auf Japans brutales Vorgehen in China und weil sie durch Japans drohende Vorherrschaft in Ostasien ihre eigenen Interessen gefährdet sahen, verhängten die USA ein Stahl- und Ölembargo gegen Japan und begannen, Chiang Kai-shek militärisch zu unterstützen. Japans Kriegsanstrengungen in China wurden dadurch empfindlich behindert, was die Militärs in Tokyo letztlich zu dem vermeintlichen Befreiungsschlag des Angriffs auf Pearl Harbor bewog. Unmittelbar danach erklärten die USA und China Japan offiziell den Krieg, der von Japan auf der Suche nach Rohstoffen für die Kriegswirtschaft nach Südostasien ausgeweitet wurde. Als Verbündeter Japans, mit dem die «Achse Berlin-Rom» am 27. September 1940 den Dreimächtepakt geschlossen hatte, erklärte das Deutsche Reich den USA am 11. Dezember 1941 den Krieg, der damit globale Dimensionen annahm.

11. Warum wurde auf Hiroshima eine Atombombe abgeworfen? Gleichzeitig mit dem Angriff auf Pearl Harbor begann die Schlacht um Hongkong, die mit der Kapitulation der Briten am Weihnachtstag 1941 endete. Da die Niederlande und Frankreich bereits im Mai bzw. Juni 1940 vor Deutschland kapituliert hatten, konnte Japan die politische Ordnung in Ost- und Südostasien in Frage stellen. Die Kolonialmächte mussten zusehen, wie Burma (britisch), Indochina (französisch), Ostindien (niederländisch) und die Philippinen (amerikanisch) unter japanische Herrschaft gerieten. Bis Mai 1942 hatte Japan sein Imperium auf ein riesiges Gebiet von den Bismarck-Inseln (heute zu Papua-Neuguinea gehörend) bis nach Burma ausgedehnt, während die japanische Armee in China weiterkämpfte.

Der Angriff auf Pearl Harbor und Deutschlands Kriegserklärung mobilisierten die amerikanische Bevölkerung und bestärkten die Entschlossenheit ihrer Regierung, den Faschismus zu bekämpfen. Zu den Kriegsanstrengungen Amerikas gehörte auch das «Manhattan-Projekt», das die militärischen, technischen und wissenschaftlichen Arbeiten für den Bau einer Atombombe koordinierte. Das Projekt wurde mit gigantischem Aufwand betrieben, motiviert durch die Furcht, Deutschland könne eine Atomwaffe entwickeln. Etwa 130 000 Menschen arbeiteten insgesamt an dem Projekt, das rund 2 Mrd. Dollar verschlang (entsprechend 24 Mrd. Dollar 2008).

Unterdessen ging der Krieg in China und im Pazifik weiter, wo er sich seit der Schlacht um die Midway-Inseln Anfang Juni 1942 zu Amerikas Gunsten wendete. Der Krieg im Pazifik wurde von beiden Seiten mit größter Härte geführt. In China blieben starke japanische Kräfte gebunden, ohne dass es ihnen gelang, eine Entscheidung herbeizuführen. Die Städte an den Küsten hielten sie besetzt, aber auf dem Land gewannen die Kommunisten unter Mao Zedong und die Regierungstruppen Chiang Kai-sheks die Oberhand. Seit November 1944 wurden Japans Städte systematisch bombardiert. Eine Seeblockade schnitt zudem seine überseeischen Truppen vom Nachschub ab und verhinderte den Import von Öl und anderen für den Krieg wichtigen Rohstoffen. Die Realisten unter Japans Führern wussten, dass der Krieg verloren war und streckten seit September 1944 Friedensfühler aus. Im Februar 1945 suchte Japan die Vermittlung der neutralen Sowjetunion. Am 9. März wurde Tokyo Ziel eines amerikanischen Flächenbombardements, dem 100 000 Zivilisten zum Opfer fielen.

Spätestens nach der Kapitulation des Deutschen Reichs Anfang Mai 1945 war der Krieg für jeden sichtbar entschieden. Japan stand allein gegen alle militärisch relevanten Mächte der Welt. Dass der Krieg zu diesem Zeitpunkt nicht beendet wurde, lag an den verhärteten Positionen der Gegner. In der japanischen Regierung hatten noch immer Militaristen die Oberhand, die ohne Rücksicht auf die eigene Zivilbevölkerung bis zum letzten Mann kämpfen wollten. Die amerikanische Regierung bestand auf der bedingungslosen Kapitulation Japans. Zu diesem Zeitpunkt verfügte Amerika noch nicht über eine einsatzfähige Atomwaffe.

Die erste erfolgreiche Testzündung fand am 16. Juli 1945 in Neumexiko statt, rechtzeitig zur Eröffnung der Konferenz von Potsdam, wo sich Truman (USA), Churchill (GB) und Stalin (UdSSR) trafen, um über die Nachkriegsordnung zu beraten. Diese Konferenz war von Truman verschoben worden, um Zeit für die Fertigstellung der Bombe zu gewinnen. In deren Verlauf informierte er Stalin über die neue Waffe, der ankündigte, sein im Februar auf der Konferenz von Jalta gegebenes Versprechen, Japan drei Monate nach Deutschlands Kapitulation den Krieg zu erklären, am 15. August einlösen zu wollen. Die Amerikaner drängten auf den Einsatz der Bombe vor diesem Zeitpunkt, weil sie Japans Kapitulation ohne Hilfe der Sowjets erreichen wollten. Deshalb wurde der Abwurf der ersten Bombe für den 6. August befohlen. Vorschläge, den Japanern die Zerstörungskraft der Bombe über unbewohntem Gebiet, z. B. der Bucht von Tokyo, zu demonstrieren, wurden verworfen.

Die Gründe für die Bombardierung Hiroshimas lassen sich so zusammenfassen: An erster Stelle standen politische Motive: eine Machtdemonstration gegenüber der Sowjetunion, die einerseits beeindruckt und andererseits von der Gestaltung der Nachkriegsordnung ausgeschlossen werden sollte. Weiterhin spielte die Rechtfertigung der enormen Kosten eine Rolle. Dass Rassismus ein begleitendes Motiv war, ist wegen mancher Äußerungen Präsident Trumans oft vermutet worden. Hohe amerikanische Militärs wie der spätere Präsident Eisenhower und der Stabschef Admiral William D. Leahy verurteilten den Einsatz der Bombe als unmoralisch und strategisch überflüssig. In Hiroshima fielen der Bombe bis Ende 1945 ca. 140 000 Menschen zum Opfer. Die Zahl der an Spätfolgen Gestorbenen wird auf 300 000 bis 350 000 geschätzt.

12. Warum wurde auf Nagasaki eine Atombombe abgeworfen? Am Morgen des 9. August 1945 war der Himmel über Nagasaki beinahe klar, während die Stadt Kokura, 200 km nördlich, unter einer dichten Wolkendecke lag. Für Kokura war das Glück, für Nagasaki

Pech, denn eigentlich war Kokura im industriellen Zentrum von Nordkyushu das Ziel der zweiten Atombombe. Das Wetter hat sie verschont.

Warum aber, wenn wir die Frage allgemeiner stellen, wurde die zweite Atombombe abgeworfen? Wichtige strategische Gründe gab es nicht, denn die amerikanischen Streitkräfte hatten die uneingeschränkte Kontrolle über den Luftraum und die Seewege von und nach Japan. Am Tag vor dem Abwurf hatte auch noch die Sowjetunion Japan den Krieg erklärt. Die Lage war aussichtslos. Den sowjetischen Kriegseintritt hatten die Amerikaner zwar gewünscht, aber so kurz vor dem absehbaren Ende wollten sie Japans Kapitulation lieber aus eigener Kraft erreichen. Dazu sollte die Bombe auf Nagasaki beitragen, und den Sowjets sollte sie im Hinblick auf die Machtverhältnisse nach Kriegsende demonstrieren, dass die Amerikaner mehr als nur die eine auf Hiroshima abgeworfene Bombe hatten. Die am Bau der Bombe beteiligten Wissenschaftler und Militärs wollten zudem so viel wie möglich über die Zerstörungskraft der Bombe erfahren, die anders als die Uranbombe von Hiroshima Plutonium als spaltbares Material benutzte. Es wurden deshalb mit der Bombe verschiedene Messinstrumente abgeworfen. Schließlich war Vergeltung für Japans Überfall auf Pearl Harbor ein weiteres Motiv, wie aus verschiedenen Äußerungen Präsident Trumans hervorgeht.

Admiral William D. Leahy, der damalige amerikanische Stabschef, erklärte, dass die beiden Atombomben keinen Beitrag zur Erreichung der amerikanischen Kriegsziele geleistet hätten. In Nagasaki starben bis Ende 1945 ca. 70 000 Zivilisten. Viele starben später. Die Gesamtzahl der von der Stadt Nagasaki anerkannten Atombombenopfer beläuft sich auf über 140 000, mehr als amerikanische Gefallene im ganzen Pazifischen Krieg. Diese Tat ist von vielen, auch von hochrangigen amerikanischen Militärs verurteilt worden. Der Physiker Leo Szilard hat darauf hingewiesen, dass Deutsche, wenn sie im Zweiten Weltkrieg Atombomben auf Städte geworfen hätten, zweifellos in Nürnberg vor Gericht gestellt und verurteilt worden wären. So geht auch die Bewertung der historischen Zunft dahin, zumindest den Abwurf der zweiten Bombe als Kriegsverbrechen einzustufen, da zivile Opfer in großer Zahl voraussehbar waren. Die amerikanische Regierung hat jedoch nie zugegeben, dass in Nagasaki ein Kriegsverbrechen größten Ausmaßes verübt wurde, noch hat die japanische Regierung den Versuch unternommen, sie dazu zu bewegen. Anders als in Europa gibt es in Asien über das Ende des Krieges zwei Geschichten, die der Sieger und die der Besiegten.

13. Was steht in japanischen Geschichtsbüchern und was nicht? Die Geschichte ist häufig ein Kampfplatz der Gegenwart. Dass die Beantwortung der Frage, was wirklich geschah, allein von ausgebildeten Historikern entschieden würde, ist überall eine Illusion. In Ostasien ist das besonders deutlich. Hier gibt es in allen Ländern starke Kräfte, die für eine nationalistische Geschichtsdarstellung eintreten. Bis in die Gegenwart hinein sind daher immer wieder Meinungsverschiedenheiten über Ereignisse der Vergangenheit zum Gegenstand öffentlicher Debatten und diplomatischer Spannungen zwischen Japan und seinen Nachbarn geworden. Als Aggressor im Zweiten Weltkrieg ist Japan dabei stets in der Defensive.

Die Kontroversen entzünden sich gewöhnlich entweder an Schulbüchern oder an Äußerungen japanischer Politiker. Neuralgische Punkte sind insbesondere das japanische Kolonialregime in Korea zwischen 1905 und 1945 und das Vorgehen der japanischen Armee in China. Die Emotionen in China und Korea haben wiederholt explosiven und gewaltsamen Ausdruck in Demonstrationen gefunden. Dies passierte insbesondere dann, wenn der Eindruck entstand, dass der japanische Staat eine nationalistische Geschichtsauffassung duldet, wenn nicht gar fördert. Kritik rief vor allem das vom Erziehungsministerium durchgeführte Zulassungsverfahren für Schulbücher hervor, sei es, weil liberale Autoren, die Japans Rolle schonungslos darstellten, zu Korrekturen gezwungen wurden, sei es, weil konservative Autoren, die sie beschönigten, im Ministerium keinen Anstoß erregten.

Manche japanischen Historiker und Politiker sind der Meinung, dass bei der Beurteilung der neueren Geschichte Ostasiens mit zweierlei Maß gemessen werde. Japan, argumentieren sie, habe sich z. B. in Korea nicht anders verhalten als die westlichen Mächte in ihren Kolonien, werde jedoch anders als diese dafür verurteilt. Obwohl Japan und Südkorea 1965 einen Grundlagenvertrag abschlossen, in dem alle der 1910 erfolgten Annexion Koreas zugrundeliegenden Verträge für null und nichtig erklärt werden, ist in Japan gelegentlich der Standpunkt vertreten worden, dass die Annexion rechtmäßig gewesen sei. Von Seiten Koreas wurde darauf stets mit Empörung reagiert. Spannungen mit China erzeugte lange das «Massaker von Nanking», die Ermordung von Zivilisten, massenhafte Vergewaltigungen und Plünderungen nach der Einnahme der Stadt durch die japanische Armee am 9. Dezember 1937. In China wird die Zahl der Opfer auf 300 000 geschätzt, während von japanischer Seite lange bestritten wurde, dass Zivilisten zu Schaden gekommen seien.

Das Verhältnis zu den Nachbarn wurde auch dadurch belastet, dass der japanische Staat lange die Zwangsprostitution in Militärbordellen während des Krieges leugnete. In akribischer Archivarbeit haben japanische Historiker den Beweis erbracht, dass die Kaiserliche Japanische Armee an solchen Praktiken beteiligt war, durch die hunderttausende Frauen aus Japan, den Kolonien und den besetzten Gebieten missbraucht wurden. In Japan wurde gelegentlich geltend gemacht, dass dies damals üblich gewesen sei. Die Zwangsprostitution sei im Tokyoter Kriegsverbrecherprozess 1946 nicht behandelt worden, und die amerikanische Besatzungsarmee habe nach dem Krieg gern von ähnlichen Einrichtungen der japanischen Regierung Gebrauch gemacht.

Kontroversen erzeugte schließlich auch die Frage nach der Verantwortung des Shōwa-Tennō für den Krieg. Da der japanische Monarch traditionell keine politische Macht hat und die Amerikaner nach dem Krieg aus Opportunitätsgründen beschlossen, Hirohito weder vor Gericht zu stellen noch zur Abdankung zu zwingen, möchten Kaisertreue und Nationalisten ihm ein unbeflecktes Andenken bewahren. Liberale Historiker halten dem entgegen, dass jeder militärische Befehl im Namen des Kaisers erteilt und ausgeführt wurde, weswegen seine Mitverantwortung für den Krieg anzuerkennen sei.

In einem jahrzehntelangen Tauziehen zwischen Historikern und Lehrern auf der einen Seite und der japanischen Kultusbürokratie auf der anderen wurde darum gerungen, ob diese und andere unrühmliche Aspekte der japanischen Geschichte der ersten Hälfte des 20. Jahrhunderts Eingang in Schulbücher finden sollten. Obwohl sich Erstere in vielen Punkten durchgesetzt haben, gibt es immer wieder revisionistische und nationalistische Geschichtsdarstellungen, was Proteste in China und Korea provoziert.

Der Kampf um die Geschichte Japans hat somit eine nationale und eine internationale Dimension. 2005 erschien unter dem Titel «Geschichte für eine offene Zukunft» erstmals ein Geschichtsbuch in gleichlautender japanischer, chinesischer und koreanischer Ausgabe. Das von 54 Historikern einer trilateralen Schulbuchkommission erarbeitete Werk gilt als wichtiger Schritt auf dem Weg zu einem unkontroversen Geschichtsverständnis.

Geographie

14. Wie viele Inseln hat Japan? Mit 6852 Inseln wird Japan seinem Ruf als Inselreich mehr als gerecht. Nur 425 davon sind bewohnt, wobei 98 % der Bevölkerung auf den vier Hauptinseln, Honshu, Kyushu, Hokkaido und Shikoku leben. Die Zahl beinhaltet alle über dem Meeresspiegel befindlichen Landstücke mit einem Umfang von mehr als 100 m. Dazu gehören Inseln, die bei Sturm oder Flut überschwemmt werden. Die Zahl beinhaltet auch künstliche Inseln, wie die in der Bucht von Tokyo, auf denen das Stadtviertel Odaiba und Tokyo Disneyland gebaut sind. Japan hat ein halbes Dutzend Flughäfen auf künstlichen Inseln, wie Kansai International Airport bei Osaka, Haneda in Tokyo, und die Flughäfen von Kobe, Nagasaki und Kitakyushu. Einige der Inseln, die Japan zu seinem Hoheitsgebiet rechnet, werden auch von Nachbarländern beansprucht, insbesondere die vier südlichsten Kurilen von Russland, die fünf Senkaku Inseln (Diaoyu) von China und Takeshima (Dokdo) von Südkorea. Japan hat mit allen seinen Nachbarn ungelöste Grenzprobleme. Dabei geht es weniger um das Land als um die Abgrenzung der Hoheitsgewässer und dort eventuell befindliche Rohstoffvorkommen.

Der Archipel, der sich über eine Länge von rund 3000 km erstreckt, wird weitgehend zentral von der Hauptstadt Tokyo aus regiert. Die Verwaltungsstruktur hat eine hierarchische Gliederung. Unter der Zentralregierung ist das Land in 47 Präfekturen (*ken*) aufgeteilt, die ihrerseits aus lokalen Einheiten bestehen: Kreisen (*gun*), Städten (*shi*) und Gemeinden (*machi*).

15. Wie viele Japaner leben auf dem Land? Immer weniger, ist die einfache Antwort. Japans Bevölkerung von 127 Mio. ist sehr ungleichmäßig auf die 47 Präfekturen verteilt. Das war immer so, weil die bergige Landschaft des Archipels Besiedlung und Landwirtschaft im größten Teil des Landes unmöglich macht. Die Japaner hatten sich daher immer auf die relativ kleinen Ebenen entlang der Küsten konzentriert. Zu Beginn der Meiji-Zeit, als die große Mehrheit der Menschen noch Bauern und Fischer waren, war Tokyo schon eine Großstadt mit über 1 Mio. Einwohnern. Die Urbanisierung schritt von da an schnell voran.

Industrialisierung, Ausdehnung des Dienstleistungssektors und ein rasantes Bevölkerungswachstum in der Nachkriegszeit ließen in der Kanto-Ebene das Ballungsgebiet Tokyo-Yokohama mit 36,6 Mio. Einwohnern entstehen, die größte Metropole der Welt nach der UN-Rangliste. Auch die Region Osaka-Kobe-Kyoto mit 11,3 Mio. steht weit oben auf dieser Liste. Weitere Millionenstädte sind Sapporo (1,8 Mio.), Fukuoka (1,3 Mio.), Hiroshima (1,1 Mio.) und Sendai (1 Mio.). Heute leben 80 % der Bevölkerung Japans in Großstädten, Tendenz steigend.

Die Großstädte dehnen sich aus, um den Bevölkerungszuwachs aufzunehmen, aber auch weil die Innenstädte sich zunehmend in Büro-, Hotel- und Einkaufsviertel verwandelt haben. Tokyo z. B. muss deswegen große Unterschiede in seiner Tages- und Nachtbevölkerung verkraften. Die Innenstadt Tokyos, d. h. die Stadtteile Chiyoda, Chuo und Minato, hat nur 326 000 registrierte Einwohner, aber tagsüber arbeiten dort 2,4 Mio. Trotz dieser hohen Pendelbevölkerung und partiellen Leerständen ist Tokyo mit 5750 Menschen pro Quadratkilometer die Stadt mit der größten Bevölkerungsdichte der Welt. Der Landesdurchschnitt liegt bei 340 Menschen pro Quadratkilometer.

Die nördlichste Präfektur Hokkaido ist mit nur 72 Menschen pro Quadratkilometer das Gegenstück. Seit 2005 schrumpft Japans Bevölkerung. In ländlichen Randgebieten begann dieser Prozess schon vor Jahrzehnten. Ganze Landstriche haben eine stark überalterte Bevölkerung von «Dagebliebenen». Im Hinblick auf das Hinscheiden dieser Generation plant man die Schließung ganzer Dörfer. Die Aufrechterhaltung der Infrastruktur, von öffentlichem Transport, Krankenversorgung bis zu Wasser- und Elektrizitätsnetzen ist nicht mehr zu bezahlen.

Alle ländlichen Regionen sind dünn besiedelt und leiden unter Bevölkerungsschwund. Das ist auf den Rückgang der Landwirtschaft als Wirtschaftsfaktor zurückzuführen. Die Regionen versuchen mit speziellen Programmen wieder Menschen anzulocken. Man setzt auf Tourismus. Man probiert, Stadtbewohner für Landwirtschaft als Wochenend-Hobby zu interessieren. Oder man versucht, Rentnern ein zweites Leben in der Natur mit viel Platz schmackhaft zu machen. Eine Trendwende haben die stark subventionierten Programme bisher nicht bewirkt.

Obwohl die Gesamtbevölkerung Japans abnimmt, wachsen die Städte, vor allem Tokyo, weiter. Denn dort gibt es mehr und besser bezahlte Arbeitsplätze. Aber es ist auch eine Folge der Entvölkerung auf dem Land. Menschen sind fast gezwungen, ihr Wohl in oder in der Nähe einer Stadt zu suchen. Auf dem Land werden Schulen, Bankfilialen und Lebensmittelgeschäfte geschlossen. Krankenhäuser leiden unter Mangel an medizinischem Personal. Das macht das Leben auf dem Land unattraktiv. Die bessere Dienstleistungs-Infrastruktur lockt die Menschen verstärkt in die Städte.

16. Wie oft bebt die Erde in Japan? Die Kanto-Region kann jeden Moment von einem großen Erdbeben heimgesucht werden. Wie viele Tote würden dann zu beklagen sein? Wieder um die 100 000, wie bei dem verheerenden Beben 1923, an das jedes Jahr am 1. September erinnert wird? Wahrscheinlich nicht so viele, obwohl die Kanto-Region mit jetzt 40 Mio. Einwohnern viel dichter bevölkert ist als damals. Aber die Infrastruktur ist heutzutage auf derartige Katastrophen besser vorbereitet.

Ein Erdbeben ist eine Entladung von Energie, die bei der Verschiebung der Erdplatten entsteht, manchmal im Zusammenhang mit vulkanischer Aktivität. In Japan kommen beide Arten von Erdbeben vor. Irgendwo bebt die Erde immer. Das japanische Wetteramt, zu dessen Aufgaben es gehört, über Erdbeben zu berichten und davor zu warnen, registriert durchschnittlich 400 Beben pro Tag. Nur drei davon sind fühlbar. Das sind Erdstöße mit einer Stärke über 1 auf der japanischen Skala, monatlich 90 also. Gemeinsam mit dem Institut für Geowissenschaften und Katastrophenschutz verwendet das Wetteramt seit 2007 ein hochtechnisches Frühwarnsystem mit über 1000 Messpunkten im ganzen Land. Wenn die erste – meistens nicht so starke – seismische Welle einen Punkt erreicht, werden in öffentlichen Ämtern und Gebäuden durch direkte Datenübertragung Alarmsignale ausgelöst, bevor sich die langsamere zweite, meist viel stärkere seismische Welle verbreitet. Die dadurch gewonnenen zwei bis fünf Sekunden für die Frühwarnung helfen, Körperverletzungen zu vermeiden.

Meldungen über Erdbeben werden unverzüglich über Fernsehen und Radio bekannt gegeben: wo das Epizentrum war und welche Stärke das Beben hatte, ist binnen Sekunden bekannt, und ob die Gefahr eines Tsunami besteht, wird ebenfalls sofort mitgeteilt. Die japanische Skala unterscheidet sich von der international bekannteren Richter-Skala. Das Richter-System ist allgemein und gibt für ein Erdbeben einen Gesamtwert an. Nach der japanischen Skala werden die Werte punktuell je nach Ort angegeben: «Yokohama (3), Tokyo

(2), Kawasaki (2)» liest man dann z. B. auf der Wetterkarte im Fernsehen.

Katastrophenschutz ist in Japan hoch entwickelt. Alle Gemeinden haben ein Audio-Alarmsystem, das täglich getestet wird, ausgewiesene Evakuierungsplätze und Notvorräte. Landesweit haben die Gas-, Elektrizitäts- und Eisenbahnnetze, Kraftwerke und Fabriken vollautomatisierte Unterbrechermechanismen, um Feuer und Unfälle zu vermeiden. Aufgrund einer Vereinbarung mit dem Staat stellt der Lebensmittelhandel im Katastrophenfall Esswaren und Getränke als Notvorräte zur Verfügung. Die Bauvorschriften sind streng. Und jedes Jahr am 1. September finden in allen öffentlichen Schulen und Behörden Erdbebenübungen statt. In Japan leben die Menschen in dem Bewusstsein, dass sich jederzeit ein großes Erdbeben ereignen kann.

17. Ist der Fuji erloschen? Japan entstand im großen tektonischen Spiel der Erdplatten durch die Wölbung des Randes der eurasischen Kontinentalplatte unter dem Druck zweier kleinerer Platten. Bei einer derartigen Plattenverschiebung entsteht typischerweise ein gekrümmter Inselbogen. Das erklärt Japans S-förmigen Archipel, und es erklärt die große Zahl von Vulkanen, denn das Land liegt auf der Naht aneinanderstoßender Erdplatten, eben da, wo Magma relativ leicht an die Oberfläche kommt. In Japan gibt es zurzeit 19 aktive Vulkane. Einige von ihnen sind fast ständig aktiv, wie der auf Sakurajima im Süden Kyushus. Er stößt etwa 200 Mal im Jahr kleinere Mengen Asche und/oder Lava aus. Daneben gibt es zahlreiche ruhende Vulkane. Der Unzen-Vulkan etwa, ebenfalls auf Kyushu, brach 1991 nach einer Ruhepause von fast 200 Jahren plötzlich mit großer Gewalt aus, wobei 42 Menschen den Tod fanden.

Der berühmteste Vulkan, gleichzeitig der höchste und symbolträchtigste Berg Japans, ist der Berg Fuji (*Fuji-san*). Mit 3776 m über einem Querschnitt von 40 bis 50 km auf Meeresspiegelhöhe erhebt er sich in fast perfekt konischer Form über die umliegende Landschaft. Künstler, Sportler, Pilger und Touristen verehren den Berg. Auch vom 100 km entfernten Tokyo aus kann man ihn bei klarem Wetter deutlich sehen, fast das ganze Jahr über schneebedeckt. Der Fuji ist ein aus drei Kratern entstandener Aschehaufen. Lavaströme aus dem heute sichtbaren Krater, zu dem im Sommer hunderttausende Touristen über einige Fußwege aufsteigen, um die Sonne aufgehen zu sehen, haben die beiden anderen Krater verschüttet. Zuletzt brach er 1707 aus. Seitdem schläft der *Fuji-san*, und darüber, ob oder wann er wieder erwacht, gibt es viele Geschichten. Wissenschaftler haben den Fuji und alle anderen Vulkane in Japan mit hochentwickelten Sensoren ausgerüstet, mit denen sie einen Ausbruch vorhersagen können, so dass rechtzeitig Evakuierungen angeordnet werden können. Vulkanausbrüche kommen in Japan nie unerwartet und sind gewöhnlich nicht lebensbedrohend – es sei denn, die Menschen halten sich nicht an die Anordnungen der Behörden.

18. Wie viele Jahreszeiten gibt es in Japan? Die Stoffmuster der Kimonos, die Dekorationen im Teezeremoniezimmer, die Speisen auf der Menükarte im Restaurant, die Eröffnungszeile eines Briefes, die Farben der Werbeplakate in der U-Bahn, die Blumen im Schaufenster, alles, worauf das Auge fällt, deutet in Japan auf die aktuelle Jahreszeit hin. In wenigen Industrieländern wird mit den Jahreszeiten ein solcher Kult getrieben wie hier.

Die große Aufmerksamkeit für die Jahreszeiten wird der auf dem Reisanbau beruhenden Kultur zugeschrieben. Im Frühling wird gepflanzt und im Herbst geerntet. Um diesen Jahresrhythmus festzuhalten, um die Etappen zu feiern, um die Götter um Schutz anzuflehen und ihnen für die Ernte zu danken, hat die einheimische Shintō-Religion viele Feste und Rituale, die an die Jahreszeiten gebunden sind. Missernte bedeutete Hunger, den es mit allen Mitteln abzuwenden galt. Die in der Agrargesellschaft lebensbestimmende Verbundenheit mit den Jahreszeiten ist auch in der städtischen Industriegesellschaft noch zu erkennen. Das ausgeprägte Gefühl für die vier Jahreszeiten Frühling, Sommer, Herbst und Winter ist nach wie vor ein fundamentaler Bestandteil der japanischen Kultur. Überall im täglichen Leben und in den Künsten wird auf sie verwiesen – manchmal nur ikonisch. Die Kirschblüte steht für den Frühling, die Trichterwinde für den Sommer, die Chrysantheme für den Herbst und die Kamelie für den Winter; obwohl Letztere und manchmal der ganze Winter als Vorspiel des Frühlings gedeutet wird. Vor allem Frühling und Herbst werden groß gefeiert. Tagundnachtgleiche im Frühling und im Herbst sind offizielle Feiertage. Auch die Shintōschreine feiern ihre großen Gemeindefeste, *Matsuri*, vor allem im Frühling und im Herbst. Außerhalb des ursprünglich durch den Reisanbau vorgegebenen Rhythmus der Shintōrituale schenkt der

Wetterbericht der Regenzeit und der Saison der Taifune besondere Aufmerksamkeit. Japan, so könnte man behaupten, hat deswegen nicht nur die vier klassischen Jahreszeiten der moderaten Klimazonen, sondern zwei weitere.

Die Regenzeit (*tsūyū* – «Pflaumenregen») liegt zwischen Frühling und Sommer. Im südlichen Okinawa beginnt sie im Mai und rückt langsam nach Norden vor. Von Anfang Juni bis Mitte Juli ist die Hauptinsel Honshu betroffen. In der Regenzeit fallen tropische Regenschauer, die immer wieder zu Überschwemmungen und Erdrutschen führen. Und jedes Jahr sind Opfer zu beklagen. Die Luftfeuchtigkeit ist in dieser Jahreszeit, auch wenn es nicht regnet, extrem hoch. Es ist ein Klima, in dem die Hortensien, Symbol der Regenzeit, gedeihen. Nur die Insel Hokkaido mit einem an die Schweiz erinnernden Kontinentalklima hat keine Regenzeit.

Wenn die Regenzeit vorbei ist, setzt der Sommer ein, mit sengender Hitze und hoher Luftfeuchtigkeit. Die *Semi,* die Zikaden, mit ihrem sägenden Zirpen begleiten diese Jahreszeit, in der es nachts oft nicht unter 25°C abkühlt. Die sogenannten tropischen Nächte, momentan etwa 90 pro Jahr, sind in den letzten Jahrzehnten häufiger geworden, ein Phänomen, das dem Klimawandel zugeschrieben wird. Auf diese körperlich ermüdende Jahreszeit folgt im September die zweite «Extrasaison», die Jahreszeit der Taifune. Tropische Wirbelstürme, die im Westpazifik östlich der Philippinen entstehen, bewegen sich langsam in nördliche Richtung, an Taiwan entlang, um bei Okinawa Japan zu erreichen. Der extreme Tiefdruck im Auge des Taifuns saugt gewaltige Mengen Wasserdampf aus dem Meer auf, der sich in der kälteren Atmosphäre in enorme Regengüsse verwandelt. In Japan werden die Taifune jedes Jahr aufs Neue mit 1 beginnend nummeriert. Obwohl die typische Taifun-Saison im September ist, kommen Taifune auch früher und später vor; jährlich sind es 15 bis 20. Genaue Beobachtungen von Wetterschiffen und Satelliten erlauben es, Geschwindigkeit, Pfad und Stärke eines Taifuns recht zuverlässig vorauszusagen. Frühwarnungen verringern Risiken, aber wenn ein Taifun in voller Stärke an Land kommt, verursachen Wind und flutartige Regengüsse immer wieder große Personen- und Sachschäden.

Umwelt

19. Wie viel Energie verbrauchen die Japaner pro Kopf? Das Land, in dem das Hybridauto erfunden und das Kyoto-Protokoll zur Bekämpfung des Klimawandels unterzeichnet wurde, rühmt sich oft seines niedrigen Energieverbrauchs. Im Vergleich zu anderen Industrieländern schneidet Japan in der Tat gut ab. Der durch Energieverbrauch verursachte CO_2-Ausstoß ist mit 9,7 Tonnen pro Kopf und Jahr ungefähr so hoch wie in Deutschland. Amerikaner hingegen haben einen Ausstoß von 19,1 Tonnen pro Kopf, die Luxemburger von 22,3 Tonnen. Auch wenn der CO_2-Ausstoß auf das Bruttonationalprodukt bezogen wird, haben Japan und Deutschland die gleichen Werte von 0,34 Kilo CO_2-Ausstoß pro 2000 US-Dollar Wertschöpfung. Wieder verbrauchen die US-Bürger mit einem entsprechenden Wert von 0,5 Kilo CO_2-Ausstoß sehr viel mehr. In dem von der Internationalen Energiebehörde (IEA) aufgestellten OECD-Ranking (Zahlen für 2007) gehören die USA zu den Klimasündern, Japan und Deutschland liegen im Mittelfeld, schneiden aber schlechter ab als z. B. Frankreich, Dänemark oder Irland. Ihre Hände in den Schoß legen können die Japaner also nicht.

Das IEA-Ranking misst nur einen Teil der Umweltbelastung eines Landes, der aber sehr aussagekräftig ist. Japan hat sich 1997 bei den Verhandlungen des Kyoto-Protokolls als Vorreiter der Energiesparer profiliert und sich verpflichtet, 2012 6 % weniger Treibhausgase zu produzieren als 1990. 2010 war Japan von diesem Ziel noch weit entfernt. Wirtschaftswachstum und Energieeinsparung sind schwer vereinbar. Während die japanische Industrie große Energiesparmaßnahmen durchgeführt hat, machen die Wirtschaftssektoren Transport, private Haushalte und Handel diese Gewinne zunichte, denn hier hat sich der Energieverbrauch seit 1990 um mehr als 30 % erhöht. Dennoch glaubt die japanische Regierung, ihr mit dem Kyoto-Protokoll gestecktes Ziel erreichen zu können. Sie hat darüber hinaus bis 2020 sogar eine weitere Reduktion der Treibhausgase um 25 % gemessen am Niveau von 1990 angekündigt. Darüber, wie das erreicht werden soll, diskutieren die Fachleute. Bevölkerungsrückgang, mehr Kernenergie und erneuerbare Energien, neue Technologien und Aufforstung sind die wichtigsten Stichwörter.

20. Was geschah in Minamata? Minamata ist eine Stadt in der Präfektur Kumamoto im äußersten Westen Japans. Ihr Name ist zur Chiffre für die erste Umweltkatastrophe geworden, mit der sich die japanischen Medien beschäftigt haben. Die Minamata-Krankheit ist eine chronische Vergiftung durch organisches Quecksilber. Von ihr wurden ab Mitte der 1950er Jahre Menschen und Tiere befallen, weil ungefilterte Abwässer der Chemie-Firma Chisso in die Minamata-Bucht flossen und die Meeresvegetation verseuchten. Über 30 000 Menschen wurden durch die Vergiftung geschädigt, bis zu 3000 sind an der Krankheit gestorben.

Berüchtigt ist der Fall nicht nur wegen der Massenvergiftung, sondern auch weil er zum Symbol des Interessenkonflikts zwischen Wirtschaftswachstum und Umweltschutz wurde. Die Firma Chisso bestritt lange jede Verantwortung für die Katastrophe, obwohl von ihr selbst durchgeführte Untersuchungen starke Hinweise darauf erbrachten, dass die schadstoffhaltigen Abwässer aus ihrer Acetaldehyd-Produktion die Ursache der Massenerkrankung waren. Staatliche Instanzen bemühten sich nur zögerlich und langsam um die Aufklärung des Falls. Schließlich wurde der Zusammenhang zwischen der unkontrollierten Schadstoffabfuhr und der Minamata-Krankheit aber zweifelsfrei nachgewiesen.

Der Weg zum Schadensersatz war damit jedoch noch lange nicht frei, da die Frage, ob es sich um ein Fehlverhalten der Firma oder um mangelnde Aufsicht des Staates handelte, ungeklärt war. Unerfahrenheit und Unkenntnis auf Seiten der Gerichte und ihrer Sachverständigen, schwache Gesetze zur Bestrafung der Verursacher von Umweltschäden, gute Beziehungen der Firma Chisso zur kaiserlichen Familie und eine gewisse Zurückhaltung der Staatsanwälte führten dazu, dass die Opfer jahrzehntelang prozessieren mussten, um zu ihrem Recht zu kommen. Von über 17 000 Anträgen auf Anerkennung als Opfer der Minamata-Krankheit wurden bis 2007 nur weniger als ein Viertel positiv beschieden. Das nationale Umweltamt definierte die Kriterien für die Registrierung von Opfern äußerst restriktiv. Bereits 1976 stellte das Landgericht Kumamoto fest, dass das Umweltamt seinen diesbezüglichen Ermessensspielraum zu weit ausgelegt hatte. Gegen derartige Urteile legten Regierungsstellen zum Schaden der Betroffenen systematisch Berufung ein. Das erste letztinstanzliche Urteil gab es erst 2004, nachdem viele Opfer der Krankheit erlegen waren. Noch 2010 wurden Ansprüche auf Entschädigung positiv beschieden. Die Zahl der anerkannten Opfer war inzwischen auf 35 000 gestiegen.

Insgesamt musste der Eindruck entstehen, dass das Umweltamt als Vertreter des Staates sich nicht als Sachwalter der Bürger verstand, sondern seine Aufgabe darin sah, die staatliche Aufsichtspflicht und die daraus resultierende Verantwortung zu minimieren, um den Staat gegen Ansprüche der Bürger zu verteidigen. Im größeren Zusammenhang betrachtet, ist der Minamata-Komplex symptomatisch für das Verhältnis von Staat, Wirtschaft und Bürger in der Nachkriegszeit. Die Interessen der einzelnen Bürger und der Schutz der Umwelt waren für den japanischen Staat dieser Epoche gegenüber dem wirtschaftlichen Wachstum nachrangig.

Der Fall Minamata trug wesentlich, wenn auch erst mit gewisser Verzögerung zur Sensibilisierung der japanischen Öffentlichkeit für Probleme der Umwelt bei. Die Gesundheitsschädigung der Menschen durch die Anreicherung der Nahrungskette mit Schadstoffen an relativ konsumferner Stelle diente als Katalysator der Entstehung einer Umweltbewegung, die sich gegen die bedingungslose Priorisierung von Industrieförderung und Wirtschaftswachstum richtete

21. Wieso beharren die Japaner auf Walfang? Japanische Walfänger gehen ihrem Beruf nach, um das Fangverbot zunichtezumachen, damit die traditionelle Esskultur erhalten bleiben kann. Das behaupten die Befürworter des kommerziellen Walfangs. Weil fast alle Walarten vom Aussterben bedroht sind, verhängte die Internationale Walfang-Kommission (IWC) 1986 ein Moratorium. Wale dürfen nicht gejagt werden, es sei denn als Teil einer traditionellen Lebensform, wie sie von Eskimos in Kanada und Alaska gepflegt wird, oder für wissenschaftliche Zwecke.

Zu ebensolchen fährt die japanische Flotte ins Südpolarmeer. Das für diesen Zweck vom Agrar- und Fischereiministerium errichtete Cetacea-Forschungsinstitut untersucht die Walpopulationen in den Weltmeeren. Um mehr über Geschlecht, Alter, Ernährungsgewohnheiten und Verbreitung der Meeressäuger zu erfahren, braucht man Daten, die man nur durch die Untersuchung der getöteten Tiere erhalten kann, jährlich etwa 1000 Wale. Das Restfleisch der getöteten Wale bringt das Forschungsinstitut in den Handel und finanziert damit teilweise die Forschungsarbeit. Laut Artikel 8 des Moratoriumsabkommens ist Restfleischverkauf erlaubt.

Die Gegner des Walfangs nennen diese Argumentation einen heuchlerischen Deckmantel für kommerziellen Walfang. Was man über die Tiere wissen muss, um den Walfang freizugeben, könne man erfahren, ohne sie zu töten. In keinem Fall rechtfertige das Forschungsinteresse die hohe Fangzahl, die rund 10 000 Tonnen Walfleisch ergibt. Außerdem geben die Walfanggegner zu bedenken, dass der Markt in Japan zusammengebrochen sei. Neun von zehn Japanern behaupten, nie Walfleisch zu essen. Das war früher anders. Als nach dem Krieg in öffentlichen Schulen Schulmahlzeiten eingeführt wurden, um eine gesunde Ernährung für alle Kinder zu gewährleisten, war Walfleisch die wichtigste und für manche Kinder einzige Proteinquelle. Es war das billigste Fleisch auf dem Markt. Anfang der 1960er Jahre verzehrten die Japaner pro Kopf und Jahr etwas mehr als zwei Kilo Walfleisch. Heute sind es rechnerisch 46 Gramm pro Kopf, tatsächlich aber noch weniger. Das meiste Walfleisch endet in Kühlhäusern, um schließlich zu Tierfutter verarbeitet zu werden.

22. Sind die Japaner umweltbewusst? Was die Umwelt betrifft, ist Japan ein Land der Gegensätze. Die Japaner haben großen Respekt vor der Natur, so wie der Shintōismus es sie seit Jahrhunderten lehrt. Andererseits gibt es kein natürliches Flussbett mehr und fast die ganze Küste ist einbetoniert. Der Buddhismus verlangt Bescheidenheit und Sparsamkeit, doch Japan hat sich zum Extrem einer Konsumgesellschaft entwickelt. Das Land erfreut sich eines durchdachten Recyclingsystems, das von Baustellen über Fabrikmüll, alte Autos und Elektrogeräte bis zur minutiösen Trennung des Haushaltsmülls reicht. Andererseits springen die verschwenderische Verwendung von Verpackungsmaterial und die illegale Müllablagerung in der freien Natur ins Auge. Überall in Japan hat man sich im Sommer «cool biz» und im Winter «warm biz» zu eigen gemacht, d. h., dass man die Temperatur etwas mehr mit Kleidung – dem coolen Anzug ohne Krawatte, dem warmen Pullover – und etwas weniger mit Kühlung bzw. Heizung reguliert. Andererseits steht an jeder Straßenecke mindestens ein Getränkeautomat, der Tag und Nacht Kaffee und Tee in Dosen und Erfrischungsgetränke in Plastikflaschen kühlt oder erhitzt. Die 5,5 Mio. Automaten im Land verschlingen jährlich den Strom, den ein großes Kernkraftwerk erzeugt.

Energiesparen, Abfallbeseitigung, Naturschutz sind große Themen in Japan, die aber erst zu solchen geworden sind, nachdem die rücksichtslos auf Wachstum ausgerichtete Industriepolitik der Nachkriegszeit die Natur zerstört und die Gesundheit der Menschen in Gefahr gebracht hatte. Die Umweltkatastrophe von Minamata, die Asthma-Epidemien neben Kohlekraftwerken und Industrieanlagen, Lungenkrebs in Asbestfabriken und viele andere Vorfälle führten Ende der 1960er Jahre zu zahlreichen Protesten und der Entstehung von Umweltbewegungen. 1967 wurde zwar das erste Umweltgesetz gegen industrielle Verschmutzung verabschiedet, es gab den Bürgern aber keine Regressrechte und beschränkte sich auf Richtlinien für die Industrie. Doch diese, so meinten Politiker und Industrielle, sollte wachsen. Als die Schulkinder in Tokyo im photochemischen Smog auf dem Schulhof anfingen, in Ohnmacht zu fallen, die Polizisten auf Kreuzungen nur mit Gasmasken Dienst tun konnten und Proteste auch von Lokalpolitikern lauter wurden, entstand eine regelrechte Krisenstimmung. Japan galt Ende der 1960er Jahre als meistverschmutztes Land der Welt. Die Regierung verabschiedete mehrere Umweltgesetze und subventionierte Investitionen in Umwelttechniken (Abgasfilter, Wasserreinigungsinstallationen, Erdgas für Nutzfahrzeuge), die vor allem der Volksgesundheit dienten. 1971 gründete sie das Umweltamt. Die Ölkrisen der 1970er Jahre machten das Energiesparen im rohstoffarmen Japan zur nationalen Aufgabe und ließen neue sparsamere Technologien entstehen, z. B. in der Autoindustrie. Aber das Wirtschaftswachstum schien gefährdet, weswegen die Umweltgesetze wieder etwas gelockert wurden.

Dank strenger Verordnungen ist die Umweltverschmutzung heute besser unter Kontrolle. In der Umwelttechnologie steht Japan an vorderster Front. Luft und Trinkwasser der japanischen Städte sind trotz dichtester Besiedlung in den Ballungsräumen sauber. Die meisten Strände erfreuen sich einer ausgezeichneten Wasserqualität. Was das Energiesparen und den exzessiven Warenkonsum angeht, ist noch ein langer Weg zu gehen. Bauvorschriften für Erdbebensicherheit sind streng und vernünftig; für Energiesparen fehlen sie. Nur der Bauherr entscheidet, wie ökologisch er sein Haus gestalten will. Das Gleiche gilt für den Naturschutz. Japan hat schöne Wälder und Berge, aber viele davon hat die in der Politik sehr einflussreiche Bauindustrie verschandelt. Diese Lobby war und ist noch immer eine Bedrohung der Natur. In den letzten Jahren ist eine Bürgerbewegung für die Renaturierung von Japans Wasserwegen und Küsten entstanden. Ihr Anliegen ist nicht nur ein ästhetisches, vielmehr wirbt sie für Präventivmaßnahmen gegen Überschwemmungen und die Wiederherstellung von Ökosystemen, insbesondere der Fischgründe. Letzten Endes geht es auch hier um die erfolgreiche Verbindung wirtschaftlicher und ökologischer Interessen, wofür sich in der japanischen Politik erst seit Kurzem ein Bewusstsein entwickelt.

Religion

23. Was glauben die Japaner? Japans religiöse Kultur ist ebenso aktiv wie vielfältig. Seit Jahrhunderten hat sich eine tolerante Koexistenz verschiedener Religionsgemeinschaften entwickelt, deren Mitgliedschaft nicht exklusiv ist. Nach offiziellen Statistiken aus dem Jahr 2007 gibt es im ganzen Land 182 796 religiöse Körperschaften mit 223 871 Kultstätten. Davon sind 81 245 shintōistische Schreine, 77 069 buddhistische Tempel und 32 843 christliche Kirchen. Die restlichen rund 31 000 entfallen auf Gotteshäuser und Missionsstätten diverser anderer Religionen. Die Gesamtzahl der Gläubigen wird mit 211 020 747 angegeben. Bei einer Bevölkerung von 127 Mio. heißt dies, dass sich die meisten Japaner sowohl dem Shintōismus als auch dem Buddhismus zugehörig fühlen.

Der Shintōismus ist eine auf Japan beschränkte Religion, die keinen Gründer und keine kanonische Doktrin hat. Der aus dem Chinesischen abgeleitete Begriff *Shintō* bedeutet «Weg der Götter». Die japanische Lesart derselben beiden chinesischen Zeichen ist *kami no michi* mit gleicher Bedeutung. Göttliche Wesen, *Kami*, gibt es in großer Zahl, denn im Mittelpunkt dieser Naturreligion stehen Animismus und Ahnenverehrung. Belebte und unbelebte Objekte der Natur, alles, was den Betrachter beeindruckt und in ihm ein Gefühl der Ehrfurcht aufkommen lässt, kann als *Kami* bezeichnet werden. Auch die Vorfahren sind *Kami*, was bedeutet, dass der Shintōist nach seinem Tod selber in das Reich der *Kami* eingeht und wie alles zur Natur zurückkehrt.

Die Naturverbundenheit kommt durch die vielen Schreinfeste, *Matsuri*, zum Ausdruck, die im Rhythmus der Jahreszeiten und in Bezug auf den landwirtschaftlichen Kreislauf gefeiert werden. Daneben sind wichtige Lebenseinschnitte Anlass zu formellen Besuchen beim Schrein. Ritus und Zeremonie sind in dieser Religion ohne eigentliche Theologie wichtiger als Dogma und Glaubensinhalt. Die Gebote des Shintōismus sind volkstümlich, einfach und auf die Lebenswelt bezogen, was noch immer den Ursprung des Kults und seine Bedeutung für die Verhaltensregulierung ohne Berufung auf eine transzendentale Instanz bezeugt. Wegen seiner Volkstümlichkeit ist der Shintōismus die japanischste der in Japan praktizierten Religionen.

Demgegenüber ist der Buddhismus eine hochkultivierte Weltreligion, die seit dem 6. Jahrhundert u. Z. in Japan heimisch geworden ist und eigene Ausprägungen entwickelt hat. Aus Indien kommend, gelangte er über China und Korea nach Japan und stellt schon von daher die Verbindung zu einer viel größeren Glaubensgemeinschaft her. Japan ist auch ein buddhistisches Land. Anders als der Shintōismus ist der Buddhismus eine expandierende Religion mit universellem Anspruch, die jedoch den einheimischen Kult nicht verdrängt hat. Vielmehr hat sich durch den Kontakt beider eine Art spiritueller Arbeitsteilung entwickelt. Dem lebensbejahenden Shintōismus stellt der Buddhismus die ernstere Betrachtung des Daseins gegenüber, wobei er davon ausgeht, dass Leben Leiden bedeutet und die Lehre auf Befreiung von demselben zielt. Ein zentrales Element auf dem Weg dorthin ist das beharrliche Studium der Schriften, was nicht nur für den Glauben, sondern auch für die kulturellen Auswirkungen des Buddhismus von überragender Bedeutung ist.

Nicht nur ist der Buddhismus eine auf heiligen Schriften basierende Religion, mit ihm wurde die chinesische Schrift in das bis dahin schriftlose Japan eingeführt. Er verkörperte die Beziehung zu einer Hochkultur und hat trotz landesweiter Verbreitung durch alle Schichten diesen Charakter bis in die Gegenwart nicht verloren. Buddhismus, Ende des 6. Jahrhunderts von Prinz Shōtoku zur Staatsreligion gemacht, bedeutete von Anfang an Lektüre, Kommentar, Exegese, kurz: Gelehrsamkeit. Und das Kopieren, Repetieren und Studieren von Sutren in Tempelschulen (*terakoya*) war bis in die Vormoderne eine tragende Säule der Volksbildung.

Die buddhistische Lehre geht von «vier edlen Wahrheiten» aus: Das Dasein ist leidvoll. Schuld daran ist das Verlangen nach vergänglichen Dingen. Dieses Verlangen kann überwunden werden. Zu diesem Zustand der Befreiung (von irdischem Verlangen) gibt es einen Weg, der zur Erleuchtung führt. Die Interpretation des umfangreichen Schrifttums darüber hat schon in China verschiedene Sekten entstehen lassen, die in Japan noch weiter ausdifferenziert wurden. Die wichtigsten sind die Jōdo-Schule des Reinen Landes, der Zen-Buddhismus, die Tendai-Schule, die Nichiren-Schule und die Shingon-Schule. Allen gemeinsam ist die Herleitung vom Mahāyāna-Buddhismus, in dem der Buddha aus der menschlichen in die göttliche Sphäre erhoben und die Erlösergestalt des Bodhisattwa (japanisch: *Bosatsu*) eingeführt wird. Die eigene Erlösung auf dem Weg zum Buddhasein stellt der Bodhisattwa zurück, um anderen

Der große Buddha von Kamakura, 1243 u.Z., Höhe 12,38 m. (Foto J.S.)

Trost zu spenden. Um diese Figur entsteht das buddhistische Pantheon göttlicher Wesen, die zwar ranggleich sind, sich aber bezüglich ihrer Gelübde unterscheiden. Neben dem historischen Buddha Shakamuni werden in Japan besonders Amida, der Buddha des Lichts, von der Schule des Reinen Landes verehrt und Dainichi, der kosmische Buddha, von der Shingon-Schule.

Zu den Besonderheiten des japanischen Buddhismus gehört die tolerante Haltung gegenüber der shintōistischen Volksreligion. Diese synkretistische Verbindung wurde nicht nur geduldet, sondern theologisch untermauert, indem eine Identität zwischen Bodhisattwas und Kami hergestellt wurde, indem Letztere als lokale Verkörperungen der abstrakten und vergänglichen buddhistischen Gottheiten angesehen wurden. So wurde die shintōistische Sonnengöttin Amaterasu als japanische Manifestation des kosmischen Buddha Dainichi verehrt. Diese Verschmelzung ist ein entscheidendes Charakteristikum des religiösen Lebens in Japan.

24. Was ist der Unterschied zwischen einem Tempel und einem Schrein? Ein Schrein ist eine shintōistische Kultstätte, ein Tempel eine solche des Buddhismus. Die gebräuchlichsten japanischen Bezeichnungen sind *jinja* und *jingu* für Schrein und *tera* bzw. *jiin* für Tempel. Gewöhnlich erkennt man somit am Namen, ob es sich um ein Gotteshaus der einen oder der anderen Art handelt. Hachimanjinja ist ein Schrein, Hasedera ein Tempel. Schreine und Tempel unterscheiden sich darüber hinaus auch architektonisch. Ihre Gestaltung reflektiert geistige Unterschiede zwischen den Religionen. Ursprünglich wurden Schreine als Heimstätten für *kami*, göttliche Wesen, errichtet, natürliche Objekte einerseits und tatsächliche und mythische Ahnen andererseits. Der großen Bedeutung der Natur wird dadurch Rechnung getragen, dass Schreine häufig an landschaftlich schönen Orten errichtet werden. Auch in den Betonwüsten der heutigen Großstädte sind sie als grüne Inseln erkennbar.

Traditionell wurden Schreine nur aus Holz erbaut, ohne Steine, Mörtel oder Zement. Auch das charakteristische Tor, das den Weg zum Schrein weist, der *Torii*, bestand nur aus Baumstämmen. Reiche Schreine wie der Meiji-jingu im Herzen Tokyos halten das immer noch so, während man bei weniger begüterten Schreinen heutzutage auch Tore aus Beton sieht. Die Haupthalle eines Schreins ist oft leer, obwohl unter dem Einfluss des Buddhismus in manchem Schrein Statuen aufgestellt wurden. Das wichtigste Shintōheiligtum, der Große Schrein von Ise, der alle zwanzig Jahre abgerissen und neu wieder aufgebaut wird, stellt den Prototyp des Schreins dar: schlichte Holzgebäude inmitten eines hohen Zedernwaldes am Ufer eines Flusses ohne Altar und Standbild.

Japans Tempel sind architektonisch außerordentlich vielfältig, was wiederum den diversen Ausprägungen des Buddhismus entspricht. Neben Holz dienen auch Stein, Zement, Metall und vor allem die gebrannten Lehmziegel der großen, schweren Dächer als Baumaterialien. Im Altertum waren Tempel und Klöster eine «Säule der Macht» und bedeutende Wirtschaftseinheiten, was sich in der reichen Architektur niedergeschlagen hat. Viele buddhistische Konfessionen haben ihre eigenen Bauvorschriften und Stile entwickelt, meist nach chinesischem Vorbild, die in Bezug auf Grundriss, Ausrichtung und Aufbau voll symbolischer Bedeutung sind. Von großen Tempelkomplexen mit dutzenden von Prachtbauten und mehrstöckigen Pagoden bis zu der reduktionistischen Architektur um Steingärten zentrierter schlichter Holzgebäude erstreckt sich ein breites Spektrum. Ebenso wie die religiöse Praxis des Buddhismus in Japan manifestiert sich in der Architektur seiner Kultstätten die Aneignung fremder Einflüsse. Die Pagode etwa entspricht dem indischen Stupa in seiner chinesischen Abwandlung.

Viele Tempel sind von raffiniert angelegten Landschaftsgärten umgeben, in denen kleinere Pavillons und Teehäuser stehen. Die architektonische Berücksichtigung landschaftlicher Schönheit ist ein Buddhismus und Shintōismus kongeniales Element, das der Verflechtung beider Religionen gedient hat. Seinen Ausdruck findet das in der geographischen Nachbarschaft von Schrein und Tempel an vielen Orten. Im Laufe der Jahrhunderte entstanden im ganzen Land Tempel-Schrein-Komplexe (*jisha*). Dahinter stand die Absicht, die friedliche Interaktion zwischen der buddhistischen Religion der Elite und der shintōistischen des Volkes zu fördern. So stehen etwa der *Sensōji*, Tokyos ältester Tempel, und der *Asakusa-jinja* unmittelbar nebeneinander, in Asakusa, wo im Frühjahr das beliebteste Shintōfest, das *Sanja-Matsuri*, gefeiert wird.

25. Wie verhält sich Zen zu anderen buddhistischen Schulen? Zen ist eine der großen buddhistischen Schulen, die nachhaltigen Einfluss auf die japanische Kultur hatten. Wegen der mit ihm assoziierten Künste und Kampfsportarten ist er im Westen besonders bekannt. Im religiösen Leben der heutigen japanischen Gesellschaft steht der Zen mit seinen beiden wichtigsten Sekten Sōtō und Rinzai jedoch neben anderen Schulen, die zum Teil eine weit größere Anhängerschaft haben.

Der Zen-Buddhismus – chinesisch: Chan – wurde in der Kamakura-Zeit (1185–1333) doppelt, einmal von Eisai (1141–1215) und einmal von Dōgen (1199–1253), aus China nach Japan gebracht, wo diese beiden Mönche die Rinzai- bzw. Sōtō-Schulen als Erneuerungsbewegungen in Abgrenzung von den älteren Tendai- und Shingon-Schulen des Buddhismus gründeten. Die Ōbaku-Sekte wurde erst Mitte des siebzehnten Jahrhunderts gegründet und ist mit rund 350 000 Anhängern die kleinste Zen-Schule.

Im Gegensatz zu den älteren buddhistischen Sekten, vor allem Tendai- und Shingon, ist Zen meditativ und zielt auf stille Erleuchtung (*satori*) durch einfaches Verharren im Lotussitz (*zazen*). Hierin zeigt sich das indische Erbe bzw. die Verbindung zum Yoga, der den

Lotussitz als die vollkommene Stellung betrachtet. Zen weist zudem gewisse Übereinstimmungen mit dem Taoismus und der Philosophie seines chinesischen Begründers Laotse (6. Jh. v. u. Z.) auf. Naturverbundenheit und die Ablehnung des Dualismus sind geistige Elemente, die beiden gemein sind. Die kosmotheistische Weltanschauung des Zen und die Lehre, dass jeder zu Buddha und eins mit dem Universum werden kann, hat starke atheistische Züge.

Besonderen Anklang fand der Zen-Buddhismus, speziell der Rinzai-Schule, wegen seiner asketischen Meditationsübungen beim Schwertadel, der in der Zeit, als Zen nach Japan kam, an gesellschaftlicher Bedeutung gewann. Durch die Förderung des kaiserlichen Hofs gewann der Zen-Buddhismus im 14. und 15. Jahrhundert Einfluss auf die Erziehung und auf die Künste Tuschmalerei, Dichtkunst, Teezeremonie, Noh-Theater, Blumenstecken und Landschaftsgärten. Der Steingarten des *Ryōan-ji* in Kyoto gilt als Musterbeispiel eines vom Zen inspirierten Kunstwerks.

Auch Schwertkampf und Bogenschießen sind Übungen, die eine Affinität zum Zen entwickelten. Sie können zur Erleuchtung führen, wenn das denkende Ich ganz hinter der Übung selbst zurücktritt. Ein anderes Hilfsmittel der Meditation sind kleine diskursive Probleme, für die es keine diskursive Lösung gibt (*kōan*), z. B. die Aufgabe, den Laut einer erhobenen Hand zu hören. Das vergebliche Nachdenken darüber lässt den Meditierenden erfahren, dass ein rationaler Weg nicht zur Erleuchtung führt.

Zen hat trotz seiner antirationalistischen Grundhaltung eine große intellektuelle Faszination ausgeübt und unter Mönchen und anderen Anhängern viele exzentrische Figuren hervorgebracht. Für weniger anspruchsvolle und gebildete Schichten erwies sich der vom Zen gewiesene Weg zum Buddhatum bzw. zur Erleuchtung als zu steil. Sie blieben mehrheitlich der Tendai-Schule oder den davon abgespaltenen Jōdo- und Jōdoshin-Schulen der (Wahren) Lehre vom Reinen Land (auch Shin-Buddhismus genannt) treu. Der Shin-Buddhismus und die wie dieser auf die frühe Heian-Zeit zurückgehende esoterische Shingon-Schule sind heute in Japan die größten und einflussreichsten buddhistischen Sekten.

26. Wieso heiraten viele Japaner am gleichen Tag im Schrein und in der Kirche? Traditionelle japanische Hochzeiten werden im shintōistischen Stil unter Leitung eines Shintōpriesters gefeiert. Gewöhnlich werden nur Familienmitglieder der Partner dazu geladen, um einer sehr formellen Zeremonie in einem Schrein beizuwohnen, bei der Ehegelübde, Ringe und ritueller Sake (*sansan kudo,* «drei-drei-neun Mal») ausgetauscht werden. Ein Ehestifter (*nakōdo*) oder ein Paar, das diese Rolle spielt, bringt die beiden Familien zusammen. Man tritt im Kimono auf, die Braut im weißen Hochzeitskimono (*shiromoku*), der Bräutigam im schwarzen Kimono (*montsuki*) mit Jacke (*haori*) und Hose (*hakama*). Der Ablauf ist konventionell vorgeschrieben und lässt wenig Raum für individuelle Gestaltung.

Eine christliche Trauung wird demgegenüber als moderner und schicker empfunden. Einen religiösen Charakter hat sie für die große Mehrheit der jungen Japaner, die sich für Hochzeitskleid und Smoking entscheiden, nicht. Diese Kostümierung im Dekor einer Kirche ist so stark nachgefragt, dass große Hotels und andere Veranstalter von Hochzeiten eigens als Kapelle eingerichtete Räumlichkeiten unterhalten. Der Zeremonienmeister tritt im Ornat auf und praktiziert den christlichen Ritus. In manchen Fällen ist er zum Priester geweiht, in anderen nicht. Diejenigen, die es sind, rechtfertigen die Erteilung eines christlichen Sakraments an Ungetaufte mit ihren bescheidenen Löhnen und der frommen Hoffnung, dadurch der Verbreitung des Christentums in Japan zu dienen. Manche machen den Vermählten eine Bibel zum Geschenk, aber Unterweisung in christlichem Gedankengut ist nicht vorgesehen.

Die Ehe ist in Japan kein religiös besiegelter Bund. Auch der shintōistische Ritus, der heute als traditionell empfunden wird, ist modernen Ursprungs. Unter Einbeziehung von Elementen, die früher Hochzeitsfeierlichkeiten der gehobenen Stände kennzeichneten, entstand er in der Meiji-Zeit. Wie bei vielen anderen Riten zeigt sich auch hier die Betonung der Form, deren Würdigung im Zusammenhang der japanischen Kultur nicht die Übernahme eines außerhalb desselben damit verbundenen Inhalts erzwingt.

27. Warum war die christliche Mission in Japan so erfolglos? Die christliche Mission erreichte Japan 1549, als der spanische Mönch Francisco Xavier, Mitbegründer des Jesuitenordens, von Indien kommend in Kyushu landete, um in Kagoshima die erste christliche Gemeinde zu gründen. Nach einer über viereinhalb Jahrhunderte langen wechselvollen Geschichte bekennt sich heute nur ein sehr kleiner Teil der japanischen Bevölkerung zur christlichen Religion. Schätzungen schwanken zwischen einem halben und 5 %. Aktive Mitglieder einer Kirche sind sicher weniger als 1 %. Die römisch-katholische Kirche rechnet 0,5 % der japanischen Bevölkerung zu ihrer Glaubensgemeinschaft, die verschiedenen protestantischen Kirchen zusammen 0,4 %.

1614 wurde das Christentum von der Tokugawa-Regierung verboten, und die Missionare mussten wegen interner Streitigkeiten und politischer Einmischung das Land verlassen. Eine christliche Gemeinde «versteckter Christen» (*Kakure kirishitan*) hielt sich an einigen Orten Kyushus über 200 Jahre lang im Untergrund. Als 1873 auf Druck der westlichen Mächte das Verbot aufgehoben wurde und christliche Missionare erneut ins Land kamen, wurden die *Kakure* von diesen jedoch wegen ihres inzwischen sehr synkretistischen Glaubens nicht als Christen anerkannt. Die Geschichte der *Kakure* liefert einen Hinweis darauf, weshalb die christliche Mission in Japan im Gegensatz zu anderen asiatischen Ländern wie den Philippinen und Korea so wenig Erfolg hatte. Das dogmatische christliche Weltbild, in dem nur ein Gott Platz hat, ist mit der toleranten Auffassung von Religion in Japan, wo sich die meisten Menschen dem Buddhismus ebenso wie dem Shintōismus verbunden fühlen, schwer vereinbar.

28. Welche Rolle spielt die Sonnengöttin? Amaterasu Omikami (die den Himmel erleuchtende große Gottheit) ist die Sonnengöttin des Shintōismus, auf die die Tradition die Abstammung des Tennō in gerader männlicher Linie zurückführt. Auf den Ursprung der Sonne verweist auch der Name des Landes, *Nihon*, «Land der aufgehenden Sonne». Nach dem japanischen Gründungsmythos wurde Amaterasu die Herrschaft über den Himmel anvertraut, während ihr Bruder, der Sturmgott Susanoo, die Macht über das Meer hatte. Verärgert über sein zerstörerisches Verhalten, versteckte sich Amaterasu in einer Höhle und stürzte die ganze Welt in Finsternis. Andere Götter verleiteten sie mit einem Fest dazu, wieder hervorzukommen, und spannten sodann ein Strohseil vor den Eingang, um sie daran zu hindern, sich wieder zurückzuziehen.

Der Sonnengöttin ist der Große Schrein von Ise in der Präfektur Mie, das wichtigste Heiligtum des Shintōismus, geweiht. Hier werden die Throninsignien (*sanshu no jingi*), ein Schwert, ein Spiegel und ein Edelstein, verwahrt. Spiegel und Edelstein dienten der Sage nach dazu, Amaterasu aus ihrer Höhle zu locken. Das geweihte Strohseil fehlt heute an keinem Schrein und erinnert an den Ursprungsmythos. Die Kultstätte in Ise hat eine besondere Beziehung zum Kaiserhaus. Hier wird vom Thronerben nach seiner Inthronisierung einer der drei Riten (*daijosai*) zu diesem Anlass zelebriert, und hierher pilgern Mitglieder des Kaiserhauses, um der Göttin von wichtigen Familienereignissen zu berichten.

29. Wofür sorgen die sieben Glücksgötter? Die sieben Glücksgötter oder *Shichifukujin* bringen Glück und Wohlstand. Sie sind unterschiedlicher Herkunft, haben verschiedene Aufgaben und verkörpern als Gruppe den synkretistischen Charakter des religiösen Lebens in Japan. Sie tragen hinduistische, buddhistische und taoistische Züge und haben zudem Querverbindungen zum shintōistischen Pantheon. Ihre Verehrung kam im 16. und 17. Jahrhundert auf, vor allem unter Kaufleuten. Als Gruppe oder einzeln sind die sieben Glücksgötter ein beliebtes Motiv für Plastiken, Abbildungen und Amulette. Häufig werden sie alle gemeinsam auf einem Schatzschiff dargestellt. Ein solches Bild am Neujahrsabend unter das Kissen zu legen, damit der erste Traum im Jahr ein glücklicher sein möge, und im neuen Jahr eine Pilgertour zu einem oder mehreren Tempeln zu unternehmen, wo sich Abbilder der Glücksgötter befinden, sind verbreitete Sitten.

30. Was ist *Aum Shinrikyo*? *Aum Shinrikyo* ist eine berüchtigte Sekte, die in den 1980er und 1990er Jahren durch kriminelle Aktivitäten bekannt wurde. Der Name des Kults verbindet die Wörter *Aum* und *Shinrikyo*, «höchste Wahrheit». Die Lehre von *Aum Shinrikyo* verbindet hinduistische, buddhistische und christliche Elemente mit asketischen Praktiken. Der Sektengründer Chizuo Matsumoto (*1955) ist unter seinem angenommenen Namen Shoko Asahara bekannt. Er prangerte die Korruptheit und den Materialismus der Gesellschaft an und prophezeite den Weltuntergang. 1989 wurde die Sekte von der Stadt Tokyo als religiöse Organisation anerkannt und kam damit unter den Schutz des Gesetzes. 1990 bewarb sich Asahara erfolglos um einen Parlamentssitz.

Seinen Anhängern, zu denen viele enttäuschte und desorientierte Jugendliche und junge Erwachsene zählten, zwang Asahara strikte Verhaltensregeln auf. Schon in den späten 1980er Jahren häuften sich Fälle, in denen Eltern versuchten, ihre Kinder aus der Gewalt der

Sekte zu befreien. Der Rechtsanwalt Tsutsumi Sakamoto, der sich für solche Familien einsetzte, wurde 1989 mit seiner Frau und seinem Kind von Mitgliedern der Sekte entführt und ermordet.

1995 setzten Mitglieder der Sekte in der Tokyoter U-Bahn Sarin-Gas frei, ein Anschlag, bei dem zwölf Menschen starben und mehr als 5000 verletzt wurden. Für dieses Verbrechen wurde der Arzt Ikuo Hayashi zu einer lebenslänglichen Freiheitsstrafe verurteilt. Asahara wurde in Untersuchungshaft genommen und angeklagt und 2004 zum Tode verurteilt. Gegen andere führende Personen der Sekte wurden ebenfalls harte Urteile verhängt. Obwohl alle Rechtsmittel ausgeschöpft sind, wurde das Urteil gegen Asahara noch nicht vollstreckt.

Trotz der von *Aum Shinrikyo* begangenen Verbrechen hat der Staat die Sekte nicht verboten. Mit nur rund 1000 aktiven Mitgliedern stellte sie nach Ansicht der Prüfungskommission für öffentliche Sicherheit keine Bedrohung mehr dar. Diese Kommission erteilte jedoch die Erlaubnis, die Sekte, die sich seit 2000 «Aleph» nennt, zu überwachen wie auch die davon abgespaltene Sekte Hikarinowa. Aleph wird von Rika Matsumoto, einer Tochter Shoko Asaharas, geführt. Die Zurückhaltung bei der Aberkennung des Status einer religiösen Körperschaft zeugt von einer sehr liberalen Auslegung des Verfassungsgrundsatzes der Religionsfreiheit und von der Scheu davor, an die Unterdrückung religiöser Organisationen durch den Staat in den 1930er und 1940er Jahren zu erinnern.

Sprache

31. Woher kommen die Japaner und woher die japanische Sprache? Der japanische Archipel wurde von Norden und von Südwesten besiedelt, worauf noch heute genetische Unterschiede in der Bevölkerung hindeuten. Die Verteilung des Erbguts und der Vergleich von Knochenfunden aus der Jomon-Zeit (14 000–500 v. u. Z.) und aus der Yayoi-Zeit (500 v. u. Z – 300 u. Z.) lassen zwei deutlich verschiedene Bevölkerungsgruppen erkennen. Die Jomon waren klein und hatten ein rundes Gesicht mit hohen Brauen und weit auseinanderstehenden Augen, während die Yayoi schmale Gesichter hatten und hochgewachsen waren. Vor 30- bis 40 000 Jahren, in der Steinzeit, war Japan über eine Landbrücke mit dem Festland verbunden, über die Nomaden aus Sibirien und Kamtschatka auf den Archipel kamen. Diese Sammler und Jäger werden heute als Vorfahren der Jomon angesehen, deren nächste Nachkommen die bis in die frühe Neuzeit in Nordhonshu, Hokkaido und auf den Kurilen beheimateten Ainu sind.

Die ältesten Yayoi-Funde hingegen wurden im Westen des Landes gemacht. Die vom Festland aus China und Korea eingewanderten Gruppen brachten mit dem Nassfeldanbau von Reis eine höher entwickelte Zivilisation mit sich, die es ihnen erlaubte, ihr Siedlungsgebiet von Kyushu bis nach Nordhonshu auszudehnen. Archäologische Funde stützen die Hypothese vom chinesischen Ursprung der Yayoi. Schwerter und Spiegel aus Bronze zeugen von chinesischem Einfluss, und auch DNA-Vergleiche von Skeletten der frühen Han-Zeit (206 v. u. Z.–220 u. Z.), die in der chinesischen Küstenprovinz Jiangsu gefunden wurden, machen die Herkunft der Yayoi vom Festland wahrscheinlich. Während der Yayoi-Zeit erreichten Japan noch weitere Migrantengruppen aus Südostasien, die sich mit der Bevölkerung in Kyushu, Shikoku und Honshu vermischten; auch hierauf weisen DNA-Analysen hin. Viele Einzelheiten der japanischen Vorgeschichte sind umstritten, aber über die Vermischung von Migranten aus dem Norden und dem Südwesten auf den japanischen Inseln besteht Einigkeit.

Neben archäologischen Funden und genetischen Analysen erhofft man sich zusätzlichen Aufschluss über die Herkunft der Japaner durch die Untersuchung sprachlicher Verwandtschaftsverhältnisse. Obwohl das japanische Lexikon bis zu 40 % Wörter chinesischen Ursprungs enthält, sind beide Sprachen verschiedener Herkunft. Das chinesische

Wortgut wurde erst in historischer Zeit, vor allem durch die Schriftsprache vermittelt, übernommen. Anders als Chinesisch hat Japanisch eine gewisse Affinität zu der ural-altaischen Sprachfamilie, zu der auch die Turksprachen, Mongolisch und Koreanisch zählen. Gemeinsamkeiten mit Ersteren sind sehr gering, wohingegen solche mit Koreanisch nicht zu übersehen sind.

Die Grammatik des Japanischen und Koreanischen ist sehr ähnlich. Das betrifft nicht nur die Grundwortstellung des einfachen Satzes nach dem SOV-Typ (Subjekt-Objekt-Verb), sondern praktisch alle syntaktischen Strukturen. In Anbetracht der geographischen Nähe beider Sprachräume müssen diese Übereinstimmungen als starkes Indiz für die genetische Verwandtschaft von Japanisch und Koreanisch gelten. Dennoch ist diese Theorie nicht unumstritten, weil das indigene (nicht-chinesische) Wortgut beider Sprachen sehr wenige Gemeinsamkeiten aufweist. Da es nur wenige grammatische Sprachtypen gibt, gründet die historische Sprachwissenschaft Aussagen über die Abstammung von Sprachen hauptsächlich auf Wortschatzanalysen. Die eindeutige Zuordnung sowohl des Japanischen als auch des Koreanischen zu einer Sprachfamilie steht deshalb noch aus.

Das hat die Suche nach möglichen anderen Ursprüngen motiviert. Sowohl zu den drawidischen Sprachen Südindiens, vor allem Tamilisch, als auch zur malaiisch-indonesischen Sprachgruppe sind Verbindungen vermutet worden. Mit dem Tamilischen hat das Japanische viele strukturelle Ähnlichkeiten, die einen gemeinsamen Ursprung in der fernen Vergangenheit möglich erscheinen lassen. Und manche Sprachgebrauchskonventionen wie etwa Begrüßungsformeln im Japanischen und in malaiischen Sprachen sind so ähnlich, dass sie Zweifel an zufälligen Übereinstimmungen begründen. Am nächsten verwandt mit dem Japanischen sind die Sprachen der Ryūkyū-Inseln (Okinawa), deren Ursprung jedoch ebenfalls ungeklärt ist. Gewiss ist, dass sich aus der Vermischung der verschiedenen Migrantenströme und kulturellen Einflüsse mehrere Jahrhunderte vor der Zeitenwende ein Stammesvolk mit eigener Sprache gebildet hatte, das unter dem Yamato-Clan gemeinsame Institutionen und Strukturen entwickelte.

32. Was ist eine *Malghelita Pizza*? Eine *Malghelita Pizza* ist eine Pizza Margherita alla giapponese. Sie kann außerordentlich gut sein, schmackhaft und authentisch wie in Neapel; denn in Japan gibt es viele ausgezeichnete italienische Restaurants. Allein die Speisekarten, soweit sie sich des Alphabets bedienen, sind manchmal etwas eigenwillig. Sie zeugen davon, dass sie jemand geschrieben hat, der die japanische Phonologie im Kopf hat und ein Wort, das er einmal gehört hat, mit den ihm etwas unvertrauten lateinischen Buchstaben aufgeschrieben hat.

Die *Malghelita* Pizza illustriert den Umstand, dass die im Deutschen und Italienischen distinkten Laute /l/ und /r/ im Japanischen zusammenfallen, d. h., technisch gesprochen, keine verschiedenen Phoneme und somit nicht bedeutungsunterscheidend sind. Japaner nehmen den Unterschied zwischen *Land* und *Rand*, *Lampe* und *Rampe* ohne Übung nicht wahr. Hinzu kommt, dass Fremdwörter und ausländische Ortsnamen in der japanischen Schrift mit den Silbenzeichen dargestellt werden, die alphabetisch als «r» transliteriert werden. Los Angeles und London heißen auf Japanisch ロス [ro-su], abgekürzt, und ロンドン [ro-n-do-n].

Diese Beispiele veranschaulichen ein weiteres phonologisches Charakteristikum des Japanischen, nämlich dass es eine Sprache offener Silben ist. Außer /n/ gibt es keinen Konsonanten im Auslaut. Japanische Silben enden auf einem Vokal. Sie vermeiden Konsonantenhäufungen, bestehen also entweder allein aus einem Vokal oder aus einem Konsonanten, gefolgt von einem Vokal: Yo-ko-ha-ma, To-ku-ga-wa, Ka-ra-o-ke.

Die Aussprache japanischer Silben bereitet dank dieser einfachen Struktur keine Schwierigkeiten. Beachtung verlangt allein die Qualität der Silben bzw. ihre Länge, die im Japanischen bedeutungsunterscheidend ist. So bedeutet etwa *kyori* «Entfernung», *kyōri* aber «Dogma»; *suji* «Muskel» und *sūji* «Zahl». In lateinischer Umschrift wird oft der Längenstrich ¯ über dem Vokal [ā, ō, ū] verwendet, um den Unterschied zu kennzeichnen. Deutlicher noch ist die Umschrift langer Silben mit zwei Buchstaben: *kyouri*, *suuji*, eine Praxis, die der japanischen Silbenschrift (*kana*) entspricht, die lange Vokale als zwei Einheiten behandelt. Diese Einheiten heißen Moren, nämlich kurze Silben. Alle Moren sind gleich lang, aber in der gesprochenen Sprache werden zwei aufeinander folgende gleichlautende Moren als eine lange Silbe wahrgenommen.

33. Ist Japanisch schwer? Wie schwer eine Fremdsprache ist, hängt davon ab, wie viel sie mit der eigenen Sprache gemein hat. Eng verwandte Sprachen wie Deutsch und Englisch haben viele Gemeinsamkeiten. Japanisch teilt mit den europäischen Sprachen aber nicht mehr als einige Lehnwörter. Es gibt wenige Anhaltspunkte und viele Unterschiede. Deshalb ist Japanisch für uns schwer zu lernen. Man muss praktisch alles lernen und kann nicht wie bei europäischen Fremdsprachen auf Kenntnissen aufbauen, die man schon hat, ohne sich dessen unbedingt bewusst zu sein.

Schon das Vokabellernen ist anders als bei europäischen Sprachen. Offensichtlich ist der Weg von *Sonne* nach *sun*, *sole* und *soleil* nicht so weit wie nach *taiyo*. Und die Grammatik bringt viele Struktureigenschaften, die wir aus keiner europäischen Sprache kennen. Die Wortstellung im einfachen Satz ist nicht Subjekt-Verb-Objekt, sondern Subjekt-Objekt-Verb (wie im abhängigen Nebensatz des Deutschen). Im Japanischen wird die Person nicht durch die Konjugation des Verbs kenntlich gemacht, und es kennt weder grammatisches Geschlecht noch Artikel. Man sagt also nicht «ich lese *ein* Buch», sondern «ich Buch lese». Um auszudrücken, dass sich etwas vor, hinterneben oder unter etwas befindet, verwendet man im Japanischen keine Präpositionen, sondern Wörter, die dem Substantiv, auf das sie sich beziehen, folgen: Postpositionen; nicht «vor dem Bahnhof», sondern «Bahnhof vor». Unvertraut ist uns auch die sehr differenzierte Klassifikation der Substantive des Japanischen. Wie Gegenstände klassifiziert werden – sind sie klein oder groß, länglich, flach usw. –, muss man wissen, um sie richtig zählen zu können. Denn im Japanischen sagt man nicht «drei Rosen», sondern «Rosen drei Stängel», so wie man das im Deutschen bei nicht zählbaren Substantiven tut: «eine Prise Salz», «fünf Blatt Papier».

Die größte Schwierigkeit beim Erlernen des Japanischen stellt freilich die Schrift dar, genauer gesagt die chinesischen Zeichen *(Kanji)*, die sie beinhaltet. Die von der japanischen Regierung veröffentlichte Liste der *Kanji* für den allgemeinen Gebrauch *(jōyō kanji)* umfasst 2136 *Kanji*, das Lernpensum bis zum Oberschulabschluss. Während der sechsjährigen Grundschulzeit werden als Teilmenge davon 1006 *Kanji* gelernt. Weitere 893 *Kanji* sind für die Verwendung in Namen zugelassen. Um den offiziellen *Japanese Language Proficiency Test* für Nichtmuttersprachler zu bestehen, müssen ebenfalls rund 2000 *kanji* gelernt werden. Die Bewältigung dieses Pensums ist zeitaufwendig und macht das Erlernen der Sprache insbesondere im Erwachsenenalter schwierig.

34. Ist Japanisch so ähnlich wie Chinesisch? Genetisch sind Japanisch und Chinesisch nicht verwandt, und typologisch sind sie sehr verschieden. Im Sprachbau ähnelt Japanisch dem Chinesischen überhaupt nicht. Auch in ihrer Phonologie sind die beiden Sprachen sehr verschieden. Im Chinesischen werden Wortbedeutungen durch Tonhöhe voneinander unterschieden, was für uns schwierig ist, da es diese Dimension der Differenzierung in europäischen Sprachen nicht gibt. Japanisch ist anders als Chinesisch keine Tonsprache, und seine Aussprache ist einfach. Die Vokale sind so klar wie die italienischen, und Konsonanten, die für europäische Ohren und Zungen heikel wären, gibt es auch nicht.

Japanisch und Chinesisch ähneln sich nur auf den ersten Blick, im wörtlichen Sinne, nämlich in der Schriftform. Da die Japaner das Schreiben von der älteren chinesischen Zivilisation lernten – ab dem 4. Jahrhundert u. Z. wurde chinesisches Schrifttum über das koreanische Königreich Paekche nach Japan eingeführt –, benutzen sie partiell die gleiche Schrift. Deshalb sehen manche Schriftstücke ähnlich aus. Wegen der großen Unterschiede zwischen den beiden Sprachen in Grammatik und Morphologie ist es jedoch nicht ohne Weiteres möglich, Japanisch mit chinesischen Zeichen (auf Japanisch: *kanji*) zu schreiben. Es ist ein Strukturmerkmal des Chinesischen, dass alle Wörter immer in der gleichen Form vorkommen. Deshalb ist es einfach, für ein Wort ein oder zwei Zeichen zu verwenden, die sich in ihrer Form auch nie verändern. Das Japanische aber verwendet zum Ausdruck grammatischer Beziehungen Formen, die an den bedeutungstragenden Wortstamm angehängt werden. *Yomu* z. B. bedeutet «lesen», *yomanai* «nicht lesen» und *yomaseru* «lesen lassen». Gemeinsam ist nur der Verbstamm *yom-*. Den kann man mühelos mit einem Kanji darstellen, nämlich mit dem, das auch im Chinesischen «lesen» bedeutet. Aber was macht man mit den übrigen grammatischen Elementen? Für sie werden im heutigen Japanisch Hiragana verwendet, die anders als Kanji selbst keine Bedeutung haben. Das sind 46 Silbenzeichen, mit denen sich der Lautbestand der japanischen Sprache elegant und einfach darstellen lässt. Katakana, ein identisches Inventar von Silbenzeichen, die sich von Hiragana nur in der graphischen Form unterscheiden, werden in der Schrift außerdem verwendet. An ihrem Vorkommen erkennt man einen japanischen Text sofort.

Die Verwendung der dem europäischen Betrachter so unvertrauten chinesischen Zeichen für das Japanische lässt den Eindruck entstehen, dass beide Sprachen ähnlich seien. Tatsächlich werden chinesische Zeichen im Japanischen jedoch ganz anders verwendet als im Chinesischen. Im Chinesischen hat jedes Zeichen eine Bedeutung und eine Aussprache. Durch den komplizierten Prozess der Aneignung der chinesischen Schrift haben die meisten Kanji jedoch im Japanischen mehrere Bedeutungen und Aussprachen (Lesarten) erhalten. Da die Japaner mit der Schrift auch einen Teil des Wortschatzes aus dem Chinesischen übernommen haben, gibt es auch heute noch viele Wörter, die in beiden Sprachen gleich geschrieben werden und dieselbe Bedeutung haben.

35. Was ist eine *Karte* auf Japanisch? *Karte*, genauer *karute*, ist ein deutsches Lehnwort im Japanischen. Es bedeutet «Krankengeschichte», was daher rührt, dass dieses Wort während der Meiji-Zeit in die japanische Sprache aufgenommen wurde, als deutsche Ärzte im Dienst des Wissenstransfers im Land waren. Das Wort erfuhr im Japanischen eine Bedeutungsverengung von Karte im Allgemeinen auf eine solche, auf der die Krankengeschichte des Patienten notiert wird.

Im Laufe der Jahrhunderte hat die japanische Sprache eine Vielzahl von Wörtern anderer Sprachen aufgenommen. Streng genommen sind die sinojapanischen Wörter *(kango)*, die seit dem 5. Jahrhundert adaptiert wurden, Lehnwörter. Sie machen bis 40 % des japanischen Wortschatzes aus und werden mit Kanji geschrieben. Ab dem 16. Jahrhundert wurden Wörter aus europäischen Sprachen aufgenommen, die heutzutage gewöhnlich mit Katakana geschrieben werden. Man bezeichnet sie deshalb auch als Katakana-Wörter.

Ihre Geschichte ist die Geschichte der Kontakte, die Japan mit dem Westen hatte. Die ältesten sind lusitanischen Ursprungs. Portugiesische Missionare brachten u. a. *iesu* (Jesus), *kirisuto* (Christ) und *arukōru* (Alkohol) nach Japan. Allerdings können auf den Import letzteren Genussmittels auch die Holländer glaubhaft Anspruch erheben. Der Ursprung dieses Lehnworts ist umstritten. Aus den Niederlanden kamen im 17. und 18. Jahrhundert die meisten europäischen Lehnwörter. Handel, Technik, Wissenschaft und Medizin waren die ergiebigsten Fachgebiete. Aus dem Französischen und Italienischen wurden viele Wörter entlehnt, die Kunst, Musik aber auch die Staatskunst betreffen. Dem Deutschen entstammen ebenfalls zahlreiche Wörter, wobei insbesondere solche aus der Medizin häufig waren. Heutzutage dominieren auch hier, ebenso wie in allen anderen Lebensbereichen, Lehnwörter aus dem Englischen.

Der Sprachkontakt mit dem Englischen ist so intensiv, dass Englisch auch als lexikalische Ressource zur Wortbildung dient. Die daraus resultierenden Pseudoanglizismen sind außerhalb Japans unbekannt und unverständlich, wie z. B. *mēku* (Make-up), *famikon* (aus *family computer*, ein Videospielgerät) und *sararīman* (aus *salary man*, (Büro)angestellter). Dass englisches Wortmaterial vielfach mit japanischem zu Komposita verbunden wird wie in *mēkuotoshi* (Make-up-Entferner) und *terebibangumi* (aus *televi(sion)* und *bangumi* Fernsehprogramm), deutet darauf hin, dass in der japanischen Sprache neben dem ursprünglich japanischen *(wago)* und dem chinesischen *(kango)* ein dritter Bestandteil des Wortschatzes entstanden ist, der für die lexikalische Innovation eine zunehmend wichtige Rolle spielt.

36. Welche anderen Sprachen werden in Japan gesprochen?

Japan ist ein sprachlich und ethnisch relativ einheitliches Land. Seit Intellektuelle und Politiker Anfang des zwanzigsten Jahrhunderts die Ideologie der Nationalsprache - eine Sprache, eine Nation - aus Europa übernommen haben, wurde dieser Umstand vielfach hervorgehoben. Die anderen in Japan ansässigen und zugewanderten Volksgruppen und ihre Sprachen wurden dadurch marginalisiert. Vor dem Hintergrund der Globalisierung, zunehmender Arbeitsmigration und der Verbreitung der wiederum aus dem Westen nach Japan gelangten Ideologie des Pluralismus und Minderheitenschutzes wird der internen Vielfalt in jüngster Zeit jedoch mehr Beachtung geschenkt.

Äußerlich findet das seinen Niederschlag darin, dass im öffentlichen Raum vor allem der Städte neben Japanisch einige andere Sprachen auf Schildern und Aufschriften sichtbar sind. Das sind insbesondere Englisch als internationale Sprache, die Ausländern, die der Landessprache nicht kundig sind, das alltägliche Leben erleichtert; sowie Koreanisch und Chinesisch, die Sprachen der größten Minderheiten. Hinzu kommt an bestimmten Orten wie z. B. Aichi mit einer starken Konzentration von Autofabriken (Toyota) und Zulieferern Portugiesisch, die Sprache der größtenteils japanischstämmigen Arbeitsmigranten, die seit den 1980er Jahren in großer Zahl aus Brasilien ins Land gekommen sind. Immer mehr Stadtverwaltungen stellen Internetseiten mit den wichtigsten Informationen in diesen Sprachen zur Verfügung und richten Sprechstunden mit sprachkundigem Personal oder mit Dolmetschern ein. Dabei werden vereinzelt auch andere Sprachen berücksichtigt, z. B. Spanisch in Yokohama und Vietnamesisch, Filipino und Thailändisch in Osaka.

Praktische Probleme wie die Kommunikation mit Behörden und im Gesundheitsbereich, Katastrophenschutz und der Schulbesuch von Kindern ohne hinlängliche japanische Sprachkenntnisse haben den Staat seit den 1990er Jahren für die Bedürfnisse sprachlicher Minderheiten sensibilisiert. Davon haben auch die alteingesessenen Minderheiten profitiert. Ihnen wird mit mehr Verständnis und Respekt begegnet. Das betrifft im Norden des Landes die Ainu, deren Sprache aus dem Alltag praktisch verschwunden ist, die aber dennoch weiter als kulturelles Erbe gepflegt wird. Im Süden, in der Präfektur Okinawa, werden die Ryūkyū-Sprachen gesprochen, die in fünf nicht interkommunikable Dialektgruppen unterteilt werden. Seit der Annektierung des Ryūkyū-Königreichs 1879 sind diese Sprachen vermehrt unter den Einfluss des Japanischen gekommen und ihre Sprecher unter Anpassungsdruck geraten. Das hat der Assimilation von Sprechern und Sprachen Vorschub geleistet, weswegen die Ryūkyū-Sprachen heute gewöhnlich als japanische Dialekte bezeichnet werden, eine Bezeichnung, die aus historischer ebenso wie aus linguistischer Sicht nicht gerechtfertigt ist.

Bevölkerung

37. Wie groß ist die japanische Bevölkerung? Mit 127 Mio. (2009) Einwohnern steht Japan auf Platz 10 der bevölkerungsreichsten Länder der Welt. Sein Anteil an der Weltbevölkerung beträgt 1,87 %, weniger als ein Zehntel des großen Nachbarn China mit 19,59 %. Die Bevölkerungsgröße eines Landes entscheidet nicht über seine Bedeutung in der Welt, aber unwichtig ist sie in der Epoche des Konsumkapitalismus nicht. Japan hat einen großen heimischen Markt, der es der Industrie erlaubt, sich auf den internationalen Wettbewerb vorzubereiten. Jahrzehntelang ist die japanische Wirtschaft gewachsen, nicht zuletzt weil die Bevölkerung wuchs. Im Laufe des zwanzigsten Jahrhunderts hat sie sich verdoppelt. Gegen Ende des Jahrhunderts strebte das Bevölkerungswachstum gegen null, das Wirtschaftswachstum auch. Das bedeutet nicht zwingend einen Kausalzusammenhang, aber dass es schwieriger wird, Wirtschaftswachstum zu erreichen, wenn die Bevölkerung schrumpft, liegt nahe. Nach Projektionen des japanischen Instituts für Bevölkerung und Soziale Sicherheit wird die japanische Bevölkerung ohne Zuwanderung bis 2055 um mehr als ein Fünftel auf 99 Mio. zurückgehen.

38. Wie viele Ausländer leben in Japan? Nach Angaben des Justizministeriums lebten 2009 rund 2,19 Mio. registrierte Ausländer in Japan, rund 1,74 % der Gesamtbevölkerung. Im Vergleich zu anderen Industrieländern ist das wenig, insbesondere da diese Zahl auch langjährig in Japan ansässige Koreaner und Chinesen umfasst, die aus historischen Gründen nicht die japanische Staatsangehörigkeit haben. Beide Gruppen machen je etwa 30 % der nicht-japanischen Bevölkerung aus. Viele von ihnen sind in Japan geboren, sprechen Japanisch und fallen auch sonst in der japanischen Gesellschaft wenig auf. Sie sind aber im Sinne des Gesetzes Ausländer. Eine Differenzierung gibt es nur insofern, als langjährig ansässige Ausländer sich leichter naturalisieren lassen können. Inoffiziell wird zwischen sogenannten *Newcomers* und *Oldcomers* unterschieden.

Oldcomers sind die Koreaner und Chinesen, die seit mehreren Generationen zum Teil in kompakten Siedlungen im Land sind. Als *Newcomer* bezeichnet man die Arbeitsmigranten, die seit Mitte der 1980er Jahren vermehrt ins Land gekommen sind, sowie ausländische

Studenten und entsandte Beschäftigte ausländischer Firmenniederlassungen, die für wenige Jahre nach Japan kommen. Die Zuwanderung ungelernter Arbeiter ist offiziell nicht möglich, da der japanische Staat eine sehr restriktive Immigrationspolitik betreibt. Gerade in diesem Bereich wächst jedoch der Druck, die Bestimmungen zu lockern. Die japanischen Wirtschaftsverbände haben wiederholt darauf hingewiesen, dass die werktätige Bevölkerung seit vielen Jahren schrumpft und es in manchen Sparten Arbeitskräftemangel gibt.

Um Engpässe in der Kranken- und Altenpflege abzumildern, hat Japan 2008 und 2009 mit den Philippinen bzw. Indonesien wirtschaftliche Partnerschaftsabkommen geschlossen, die auch die Aufnahme von Kranken- und Altenpfleger(innen) beinhalten. Manche Beobachter erkennen darin erste zögerliche Anfänge einer liberaleren Zuwanderungspolitik, eine Sichtweise, die nicht zuletzt darin begründet ist, dass die gegenwärtigen strengen Richtlinien im vollen Wissen der Behörden ständig unterlaufen werden. Freien Zugang zum japanischen Arbeitsmarkt haben ungelernte ausländische Arbeitskräfte, sofern sie japanischer Abstammung (*nikkeijin*) sind. Dank dieser Bestimmung sind seit den 1980er Jahren viele Brasilianer und andere Südamerikaner ins Land gekommen, deren Eltern oder Großeltern in der ersten Hälfte des zwanzigsten Jahrhunderts aus Japan emigriert waren. Eine weitere Visakategorie, die als Hintertür für ungelernte Ausländer fungiert, ist die des «Praktikanten» (4 % der registrierten Ausländer). Nominell dient sie der Ausbildung von Bürgern hauptsächlich aus Entwicklungsländern und somit dem Wissenstransfer. Sie wird aber systematisch dafür ausgenutzt, ungelernte Arbeitskräfte ins Land zu holen und bei geringem Lohn zu beschäftigen.

39. Wo leben die ältesten Japaner? Japan ist das Land mit der ältesten Bevölkerung der Welt. Dafür gibt es verschiedene Maßstäbe. Am häufigsten vergleicht man die Lebenserwartung bei Geburt. Hier steht Japan nach Zahlen von 2009 mit einer durchschnittlichen Lebenserwartung für beide Geschlechter von 82,6 Jahren an der Weltspitze. Dabei überleben die Japanerinnen (86,1) ihre Männer (79,0) um stolze 7 Jahre. Ein anderes Maß ist das Medianalter einer Bevölkerung, das diese in zwei genau gleich große Hälften teilt, deren eine älter und deren andere jünger als dieses Alter ist. Hier wird Japan (44,6) nur von Monaco (48,9) übertroffen (2010). Deutschland und Italien folgen mit 43,7 bzw. 44,3 Jahren.

Noch ein Indikator für die Bevölkerungsalterung ist die Anzahl der Hochbetagten. Jedes Jahr im September am Tag des Respekts vor dem Alter veröffentlicht die japanische Regierung diesbezügliche Zahlen. Danach lebten 2009 im ganzen Land 40 399 Personen, die 100 Jahre alt oder älter waren. 1963, als diese Statistik zum ersten Mal erhoben wurde, gab es 163 Hundertjährige. Bis Mitte des Jahrhunderts wird sich die Zahl nach einer Schätzung 1 Mio. nähern.

Japans Alterung ist spektakulär und insgesamt Beweis einer äußerst erfolgreichen Gesellschaft. Sie hat viele interessante Aspekte. Einer davon ist, dass die Alterung in Japan wesentlich schneller voranschritt als in anderen Industrieländern. Ein anderer, dass es regionale Unterschiede gibt. Besonders auffällig ist die hohe Konzentration von Hundertjährigen in Okinawa. Mit 50 Hundertjährigen auf 100 000 liegt Okinawa an der Spitze Japans und damit der Welt. Da es in Okinawa seit 1879 ein Familienregister gibt, sind die Daten verlässlich. 90 % der Hundertjährigen sind Frauen, aber auch Männer werden in Okinawa alt. Interessant ist das vor allem deshalb, weil es der insgesamt durchaus zutreffenden Redensart, «weil du arm bist, musst du früher sterben», nach der Langlebigkeit mit Wohlstand einhergeht, widerspricht. Denn Okinawa ist die ärmste der 47 Präfekturen Japans.

Die Langlebigkeit der Okinawaner erklärt die Forschung als Ergebnis des Zusammenwirkens von Ernährung, Lebensstil und Genetik. Im Bezug auf die im Weltmaßstab geltende Korrelation von Wohlstand und Lebenserwartung, die auch die Steigerung der japanischen Lebenserwartung im Laufe des 20. Jahrhunderts erklärt, deutet sie darauf hin, dass sich die Verringerung der Armut stark auf die Steigerung der Lebenserwartung auswirkt, weiter wachsender Wohlstand aber immer weniger ins Gewicht fällt, wenn die Grundbedürfnisse des Lebens erfüllt sind. Darauf deutet auch hin, dass Okinawa die «gesündeste» Bevölkerungsstruktur aller Präfekturen aufweist. 2010 betrug der Bevölkerungsanteil der Kinder von 0–14 in Okinawa 18,4 %, in Tokyo nur noch 11,7 %, Tendenz fallend. Trotz Langlebigkeit sind die Probleme der Alterung in Okinawa somit geringer als in metropolen Ballungsgebieten.

40. Sterben die Japaner aus? Nach einer Hochrechnung der *Asahi Shimbun* wird die letzte Japanerin im Jahre 2956 geboren werden. Keine Hochrechnung über eine solche Zeitspanne erhebt den Anspruch, eine realistische Prognose zu sein. Die Veröffentlichung dieser

Voraussage im Jahr 2006 akzentuierte aber die große Herausforderung, der Japan sich stellen muss und in vieler Hinsicht stellt: Seit 2005 schrumpft die Bevölkerung. Im ersten Jahr des negativen Wachstums ging die Bevölkerung nur um ein paar Tausend zurück, aber 2009 war diese Zahl bereits auf ein Minus von 183 000 angewachsen, ein Negativwachstum von 0,14 %. Da die heutige Generation der Frauen im gebärfähigen Alter bereits kleiner ist als die ihrer Mütter, steht der weitere Bevölkerungsrückgang außer Zweifel. Die Frage, die Wissenschaft und Regierung beschäftigt, ist allein, welches Ausmaß die Schrumpfung haben wird. Wegen der verschiedenen Faktoren, die auf die Gesamtbevölkerung einwirken, sind Prognosen außerordentlich schwierig. Geburtenrate, Sterberate und Wanderung sind zusammengenommen schon komplex genug, wenn nicht noch Epidemien, Naturkatastrophen und Kriege dazukommen.

Das Japanische Institut für Bevölkerung und Soziale Sicherheit hält gegenwärtig drei Szenarien vor, die realistisch erscheinen und ständig auf der Grundlage neuer Daten modifiziert werden. Bis 2055 rechnet es bei niedriger Sterberate und hoher Geburtenrate mit einer Gesamtbevölkerung von 99 Mio. Eine niedrige Sterberate in Verbindung mit einer mittleren Geburtenrate resultiert in 91 Mio. und bei niedriger Sterberate und niedriger Geburtenrate wird die Zahl noch geringer sein: 85 Mio. In jedem Fall müssen sich staatliche Institutionen und Privatwirtschaft auf eine um ein Fünftel bis ein Drittel kleinere Bevölkerung einstellen.

Optimisten weisen angesichts dieser Entwicklung darauf hin, dass damit eine historische Anomalität korrigiert wird, denn Japan hatte noch Anfang des 20. Jahrhunderts weniger als 50 Mio. Einwohner und erreichte erst in den 1960er Jahren 100 Mio. Wenn die Bevölkerung Mitte dieses Jahrhunderts wieder auf diesem Niveau wäre, könnte Japan trotzdem ein mittelgroßes Land sein, das im Wohlstand lebt. Pessimisten halten dagegen, dass die Rentenkassen zahlungsunfähig und der Altersquotient – das Verhältnis der alten zu der erwerbstätigen Bevölkerung – so ungünstig werden könnten, dass Japans hoher Lebensstandard starke Einbußen erleiden wird. Was dafür getan werden kann, dass die Optimisten Recht behalten werden, ist heute eine der für Japans Zukunft wichtigsten Fragen.

41. Haben Japaner keinen Spaß an Sex? Die Japaner kriegen nur noch wenige Kinder. Nach dem kurzlebigen Babyboom unmittelbar nach dem Zweiten Weltkrieg ist die Geburtenrate fast stetig gesunken. Allein in dem Jahrzehnt zwischen 1947 und 1957 fiel die Gesamtfertilitätsrate – die Zahl der Kinder, die eine Frau in ihrem Leben zur Welt bringt – von 4,54 auf weniger als die Hälfte: 2,04. Und sie fiel weiter. 1989 brachte den «1,57-Schock», eine Fruchtbarkeitsrate, die so weit unter der Reproduktionsrate von etwas mehr als 2 liegt, dass sich die japanische Regierung gezwungen fühlte, mit Maßnahmen wie Steuererleichterungen und Kindergeld zu reagieren. Der Trend wurde dadurch nicht aufgehalten. Seit 2005 gehört die Fertilitätsrate mit 1,25 bzw. 1,3 und zu den niedrigsten der Welt.

Die auch in anderen Industriestaaten zu beobachtende Tendenz des Geburtenrückgangs ist in Japan besonders ausgeprägt. Wieso hört eine stark familienorientierte Gesellschaft, in der bis in die 1990er Jahre praktisch jeder heiratete, auf, sich zu reproduzieren? Sehr viele verschiedene Faktoren kommen zusammen. Insgesamt ist die geringe Reproduktionsfreudigkeit der Japaner Anzeichen einer tiefen Verunsicherung der Gesellschaft und dafür, dass sie sich in einer Umbruchphase befindet, in der hergebrachte Praktiken, Verhaltensmuster, Strukturen und Werte in Frage gestellt werden.

Auch das Sexualverhalten ändert sich. Nach Erhebungen der Firma Durex, die nach eigenen Angaben 29 % des Weltmarkts von Kondomen hat, sind die Japaner sexuell sehr wenig aktiv. Die Sexfrequenz pro Jahr war 2001 unter den recht aktiven Franzosen 121, in Japan nur 37. Und 2009 gaben nur 34 % der Japaner an, wöchentlich Sex zu haben, verglichen mit 70 % der befragten Franzosen und 68 % der Deutschen. Andererseits hat Japan eine große Sexindustrie. Allein in Tokyo gibt es hunderte von «Love Hotels», die mit einem Umsatz von mehr als 4 Billionen Yen ein beträchtlicher Wirtschaftsfaktor sind. Nach einer Schätzung summieren sich die Besuche in Love Hotels auf mehr als 500 Mio. im Jahr, was bedeutet, dass jeden Tag 1,4 Mio. Paare ein solches aufsuchen. Was sie da tun, weiß niemand, aber dass sie nur fernsehen, ist wenig wahrscheinlich. Beobachter haben jedoch in den letzten Jahren Veränderungen des Rollenverhaltens der Geschlechter festgestellt, zu denen auch die Scheu vor festen Bindungen gehört. In einer Regierungsumfrage Anfang 2010 bekannten 43 % der Erwachsenen, dass Kinder nicht unbedingt notwendig seien, auch wenn man heiratet. Auf Seiten der Frauen kommt ein geringerer Ehewunsch hinzu und auf Seiten der Männer ein Abweichen von herkömmlichen Männlichkeitsidealen.

Das Schlagwort von den «pflanzenfressenden Männern» (*soshoku-kei danshi*) brachte 2007 der Kolumnist Maki Fukasawa auf. In einem Buch über die Männer der Heisei-Zeit (1989~) bezeichnet er damit Männer, die keine «fleischlichen Gelüste» haben. Der Psychologe Masahiro Morioka stellt noch einen anderen Zusammenhang her, indem er darauf hinweist, dass die Mordrate von Männern zwischen 20 und 30 in Japan heute die niedrigste der Welt sei. Aggressivität und Sex stehen auf vielfache und komplizierte Weise miteinander in Beziehung. Ein diesbezüglicher Topos, der Japan beschäftigt, ist die Verweichlichung der Männer seit der Niederlage im Zweiten Weltkrieg. «Männliches» Verhalten nach dem vormaligen Stereotyp wird von ihnen nicht mehr erwartet. So verzichten sie auf Gewalt und gleich auch noch auf Sex. Simplistisch ist diese These, gewiss, aber sie wird von ernstzunehmenden Fachleuten diskutiert.

Sexuell apathisch sind nicht nur die «pflanzenfressenden» jungen Männer, sondern immer mehr Paare. Eine im zweijährigen Abstand vom Gesundheitsministerium durchgeführte Umfrage unter Paaren zwischen 16 und 49 hat für 2009 ergeben, dass 37 % der Befragten mindestens seit einem Monat vor dem Zeitpunkt der Befragung keinen Sex hatten. Der Vergleich mit den drei vorausgegangenen Erhebungen zeigt, dass die Zahl der «sexlosen Paare» beständig zunimmt. In Japan, das ging aus der Umfrage ebenfalls hervor, steigt auch das Alter des ersten sexuellen Kontakts, das mit 19,4 Jahren bereits relativ hoch ist (Deutschland 17,6, Dänemark 16,1). Aus all dem folgt zwar nicht pauschal, dass die Japaner keinen Spaß an Sex haben, aber dass die Freude daran durch die sich gegenwärtig vollziehende Transformation der Gesellschaft getrübt ist, lässt sich kaum von der Hand weisen. Für Japans negatives Bevölkerungswachstum verheißt das keine Trendwende.

42. Weshalb sind die Abtreibungszahlen so hoch? Der Stufengang, der zur Haupthalle des alten Hasedera-Tempels in Kamakura führt, ist mit hunderten kleiner Jizo-Statuen gesäumt. Wie Kerzen kann man sie beim Tempel käuflich erwerben. Jizo ist der Boddhisatva, der Reisende und verstorbene Kinder beschützt. Die kleinen Figürchen werden von Frauen bei spontanem oder induziertem Schwangerschaftsabbruch aufgestellt, um die nie geborenen Kinder dem Schutzgott anzuvertrauen. Abtreibung ist in Japan kein Tabu.

Unter dem Eindruck des Babybooms direkt nach dem Zweiten

Weltkrieg wurde Schwangerschaftsabbruch auf Indikation 1948 mit dem Eugenikschutzgesetz legalisiert, das 1949 um die sozioökonomische Indikation erweitert wurde. So legitimierte Abtreibungen nahmen daraufhin rapide zu und erreichten Anfang der 1950er Jahre mit 1,7 Mio. pro Jahr ihren Höhepunkt. 1952 begann die Regierung eine Familienplanungskampagne zur Verbreitung wirksamer Empfängnisverhütung. Der künstliche Schwangerschaftsabbruch blieb dennoch eine verbreitete Methode der Familienplanung. Verhütungsmittel setzten sich relativ langsam durch.

Besonders deutlich ist das bei der Verbreitung der Antibabypille. Vom ersten Antrag auf Zulassung eines Präparats 1960 bis zum Beginn des kommerziellen Verkaufs vergingen fast vier Jahrzehnte. Abtreibungskliniken, vielfach unterstützt von den Medien, sprachen sich dezidiert gegen die Pille aus. 1999 war Japan das letzte Land der Welt, in dem die Pille zugelassen wurde. Nach der Zulassung wurde die Pille jedoch anders als in westlichen Ländern nur zögernd und in geringem Maße akzeptiert. Das wird einerseits auf die Möglichkeit des legalen Schwangerschaftsabbruchs zurückgeführt und andererseits auf die schlechte Presse, die die Pille jahrelang wegen möglicher Nebenwirkungen hatte.

Zehn Jahre nach der Zulassung der Pille wurde sie in Japan nur von 2 % bis 3 % der Frauen zwischen 15 und 49 benutzt. Die Vergleichszahl in Deutschland war 55 %, in Frankreich 45 %. Kondome sind das am häufigsten verwendete Verhütungsmittel, und es kommt nach wie vor zu vielen ungewollten Schwangerschaften, die abgebrochen werden. Zurzeit sind es nach Angaben des Gesundheitsministeriums um die 250 000 im Jahr, die niedrigste Zahl seit 1948 mit weiter fallender Tendenz. Zu dem Rückgang hat die Legalisierung der Pille beigetragen. Die meisten Schwangerschaftsabbrüche gibt es in der Altersgruppe 20 bis 24. Die beiden häufigsten Gründe sind, (1) dass das Paar nicht verheiratet ist, und (2) finanzielle Schwierigkeiten. Vor dem Hintergrund der extrem niedrigen Geburtenrate denkt man im Gesundheitsministerium darüber nach, wie die Zahl der Schwangerschaftsabbrüche aus sozialen und wirtschaftlichen Gründen weiter reduziert werden kann.

43. Wie viele uneheliche Kinder gibt es in Japan? Bis Anfang dieses Jahrhunderts hielten die Japaner kompromisslos an einem traditionellen Familienmuster fest. Jeder heiratete, und nur sehr wenige

Ehen wurden geschieden. Lebensläufe waren stark standardisiert: Ausbildung, Eintritt ins Arbeitsleben, Eheschließung, Kinder, Kinderaufzucht, Rente. Für Frauen bedeutete das sehr oft das Ausscheiden aus dem Arbeitsleben ohne Aussicht auf Rückkehr auf eine ihrer Ausbildung entsprechende Stelle, und für Männer hieß es, dass sie die einzigen oder Hauptverdiener der Familie waren. Das war mit ein Grund für die niedrigen Scheidungszahlen.

Überkommen von diesem Muster ist die enge Verbindung von Ehe und Nachwuchs: Ungeplante Schwangerschaft zieht Ehe oder Abtreibung nach sich. Von unverheirateten Müttern geborene Kinder sind nach wie vor mit einem starken Stigma belastet. Denn sie machen nur eine winzige Minderheit aller Kinder aus. 2008 waren es nach Angaben des Gesundheitsministeriums in ganz Japan 22 972 oder 2,1 % aller in dem Jahr geborenen Kinder. Im internationalen Vergleich ist das extrem wenig. In Deutschland mit einer um ein Drittel kleineren Bevölkerung kamen 2005 mehr als 200 000 Kinder außerhalb der Ehe zur Welt, und auch das ist relativ wenig. In den skandinavischen Ländern und in Frankreich kommt mehr als die Hälfte aller Kinder unehelich zur Welt. An der Spitze in Europa liegt Island mit 65 %.

Die letztgenannten Länder sind interessanterweise diejenigen mit den höchsten Geburtenraten in Europa, während umgekehrt die Länder, in denen weniger als ein Drittel der Kinder unehelich sind, die niedrigsten Geburtenraten haben. Daraus kann geschlossen werden, dass die traditionelle Familie kein Garant einer hohen Fertilität mehr ist. Die diesbezüglichen Unterschiede zwischen Japan und Europa sind beinah unvergleichlich groß. Projektionen, die für Japan höhere Scheidungsraten und die Zunahme der Zahl unverheirateter Mütter voraussagen, sind deshalb mit großer Vorsicht zu behandeln. Einige Zahlen lassen aber einen entsprechenden Trend erkennen. Die wirtschaftliche Besserstellung geschiedener Frauen durch den Gesetzgeber hat zur Zunahme der Ehescheidungen geführt. Und seit etwa drei Jahrzehnten steigt die Zahl der unehelichen Kinder stetig, wenn auch sehr langsam. 1980 waren es 0,8 % aller Lebendgeburten, 1990 1,1 % und 2008, wie erwähnt, 2,1 %. Beide Tendenzen stehen offensichtlich mit der Emanzipation der Frau in Zusammenhang und deuten darauf hin, dass sich auch die Struktur der japanischen Familie ändert. Wann oder ob das einen Wiederanstieg der Geburtenrate nach sich ziehen wird, weiß aber niemand.

Gesellschaft

44. Darf eine Frau auf den Chrysanthementhron?

Im Laufe der Geschichte hatte Japan gelegentlich auch Kaiserinnen, aber seit der Meiji-Zeit wird die Vorstellung gepflegt und gesetzlich gestützt, dass den Thron nur ein männlicher Spross der männlichen Abstammungslinie besteigen darf. Der heutige Kronprinz Naruhito und seine Frau, Prinzessin Masako, haben nur ein Kind, Prinzessin Aiko, und auch alle anderen Thronanwärter seiner Generation von Haupt- und Seitenlinien hatten bis 2006 nur Töchter. Seit 40 Jahren war in der kaiserlichen Familie kein männlicher Erbe geboren worden. Die Thronfolge schien daher akut in Gefahr, wodurch eine öffentliche Debatte über die geltenden Bestimmungen des Kaiserlichen Hausgesetzes ausgelöst wurde. Nach diesem Gesetz (von 1947) ist die Thronberechtigung an vier Bedingungen geknüpft. Kaiser kann nur werden, wer

1. vom kaiserlichen Geschlecht abstammt,
2. Spross einer legitimen Ehe des Tennōs ist,
3. ein männlicher Nachkomme in männlicher Linie ist und
4. der kaiserlichen Familie angehört.

Die zweite Bedingung ist insofern bedeutsam, als in der Vergangenheit (bis in die Meiji-Zeit) viele Kaiser Söhne von Nebenfrauen des Kaisers waren, einer systemerhaltenden Institution, die besonders wichtig war, wenn die Ehefrau des Kaisers keinen Sohn gebar. Die öffentliche Debatte um die Thronfolge konzentriert sich jedoch auf Bedingung 3, während die Bedingungen 1, 2 und 4 nicht in Frage gestellt werden. Da das Fehlen eines männlichen Erben für die Thronfolge ein ernstes Problem zu werden drohte, berief die Regierung Koizumi einen Weisenrat ein, der Vorschläge für die Novellierung des Kaiserlichen Hausgesetzes erarbeiten sollte. In seinem Abschlussbericht vom 24. November 2005 empfahl der Weisenrat die Zulassung der weiblichen Thronfolge und der matrilinearen Abstammung.

Die Debatte über die Thronfolge fiel zeitlich mit verstärkten feministischen Protesten gegen strukturelle Diskriminierung von Frauen zusammen, die sich vor allem gegen die eklatante Unterrepräsentation von Frauen in Führungspositionen richteten. Der Weisenrat rechnete damit, dass seine Empfehlungen von der Bevölkerung mit großer Zustimmung aufgenommen würden, und Ministerpräsident Koizumi kündigte diesen Empfehlungen folgend an, im Parlament einen entsprechenden Entwurf zur Änderung des Gesetzes einzubringen. Nachdem jedoch nur wenige Wochen später bekannt wurde, dass Prinzessin Kiko, die Frau von Prinz Fumihito, des jüngeren Bruders des Kronprinzen und Nr. 2 in der Thronfolge, schwanger war, wurde der Gesetzentwurf auf Eis gelegt. Im September 2006 brachte Prinzessin Kiko einen Sohn zur Welt, Prinz Hisahito, was die Traditionalisten, die an der patrilinearen Abstammung des Kaisers festhalten wollen, aufatmen ließ.

Für die progressiven Kräfte in der Gesellschaft war die Entscheidung der Regierung, die Gesetzesnovellierung einstweilen nicht weiterzuverfolgen, eine große Enttäuschung. Sie hatten sich erhofft, dass die Legitimierung der weiblichen Thronfolge durch Einführung des geschlechtsunabhängigen Erstgeburtsrechts ein Zeichen setzen würde, um die Gleichstellung in Japan voranzutreiben. Nach dem geltenden Kaiserlichen Hausgesetz ist Prinz Hisahito nun der einzige Thronanwärter in seiner Generation. Diese prekäre Situation wird es daher über kurz oder lang erzwingen, dass die Debatte um die Möglichkeit der weiblichen Thronfolge auf politischer Ebene wieder aufgenommen wird.

45. Wie funktioniert das japanische Schulsystem? Japan erfreut sich eines hohen Bildungsstandards, der auf dem effizienten Schulsystem und der traditionellen Wertschätzung der Gelehrsamkeit beruht. Seit der Schulreform von 1947 ähnelt es strukturell dem amerikanischen System: Auf sechs Jahre Grundschule folgen drei Jahre Mittelschule und drei Jahre Oberschule. Die Schulpflicht umfasst neun Jahre, aber über 95 % der Schüler gehen nach der Mittelschule weiter zur Oberschule, die nur rund 2 % ohne Abschluss verlassen. Nach der Oberschule kommt der Bereich der höheren Bildung: vierjährige Universitäten und zwei- oder dreijährige Hochschulen. 2009 erreichte die Übergangsquote Oberschule-Universität bzw. Hochschule 50 % des Jahrgangs. Die Graduiertenabteilungen der Universitäten mit zweijährigen Master-Studiengängen und dreijährigen Doktorkursen werden, verglichen mit anderen Industrieländern, nur von sehr wenigen Studenten besucht. Diese Abteilungen stellen lediglich 4 % aller Studierenden.

Das Schulsystem ist gemischt öffentlich-privat finanziert. Je höher

Grundschüler in der U-Bahn (Foto J.S.)

die Stufe, desto größer der Anteil der privaten Trägerschaft. Fast alle Grundschulen sind öffentlich, während 80 % der rund 740 Universitäten des Landes privat sind und trotz staatlicher Zuschüsse hohe Studiengebühren erheben. Im internationalen Vergleich der Ausgaben für den tertiären Bildungsbereich rangiert Japan mit 1,4 % des BIP knapp unter dem OECD-Mittel (BRD 1,1 %, USA 2,9 %), aber der Anteil der öffentlichen Hand an diesen Kosten ist mit 32,2 % (2009) extrem niedrig (BRD 85 %).

Ein besonderes Merkmal des japanischen Schulsystems ist der durch Aufnahmeprüfungen geregelte Übergang von einer Stufe zur nächsten. Diese Art der Zugangsbeschränkung hat eine Hierarchie der Bildungseinrichtungen entstehen lassen, an deren Spitze die Universität von Tokyo und andere staatliche Universitäten stehen. Sie sind vergleichsweise billig und bieten ihren Absolventen gute Berufschancen. Die Konkurrenz um einen Studienplatz in einer dieser oder einer anderen angesehenen Universität ist hart. Aufnahmeprüfungen gibt es außer in den öffentlichen Schulen bis Ende der Schulpflicht auf allen Stufen, selbst schon für renommierte Kindergärten. Um die Chancen zu verbessern, schicken viele Eltern ihre Kinder auf private Vorbereitungsschulen (*yobikō* oder *juku*), die zu einem System neben der regulären Schule geworden sind. 2004 gab es im ganzen Land fast 50 000 Vorbereitungsschulen.

Kritiker bemängeln, dass die Schule durch den Konkurrenzdruck immer mehr auf die Vermittlung von Faktenwissen reduziert wird und außerdem der Einfluss des elterlichen Wohlstands auf die Bildungschancen zunimmt. Um dem entgegenzuwirken, beschloss die japanische Regierung 2010 eine monatliche Zuwendung für jedes schulpflichtige Kind in Höhe von 13 000 Yen (ca. 120 Euro). Angesichts von Japans hoher Staatsverschuldung ist eine fühlbare Verschiebung der Bildungskosten von den Privathaushalten zur öffentlichen Hand in naher Zukunft nicht zu erwarten.

46. Was kostet ein Oberschulabschluss? Das japanische Schulsystem gilt als gut und effizient, denn mit 3,6 % vom BIP gibt Japan deutlich weniger dafür aus als der OECD-Durchschnitt, und japanische Schüler schneiden in internationalen Vergleichstests insgesamt gut ab. Aber für Eltern ist die Schulbildung ihrer Kinder ein teurer Spaß. Ein Bestseller aus dem Jahr 2004 trug den Titel: «Die Kinder werden groß, auch wenn man kein Geld hat. Ausbildungsplan für ein einfaches Leben». Der Autor, Wirtschaftswissenschaftler und Gesellschaftskritiker Takuro Morinaga, hatte einen empfindlichen Nerv getroffen. Die Belastung der privaten Haushalte durch die Kosten der Schulbildung ist so groß, dass sie von vielen für Japans niedrige Geburtenrate (mit)verantwortlich gemacht wird.

Eine vierzehnjährige Schullaufbahn bis zum Oberschulabschluss kostet, wenn sie durchgehend in öffentlichen Schulen absolviert wird, ca. 5,3 Mio. Yen (ca. 48 000 Euro), eine solche in Privatschulen ca. 16 Mio. Yen (ca. 145 000 Euro). Kombinationen beider Schultypen addieren sich zu einer Summe dazwischen. Das sind pro Kind jährlich 3500 bis 10 300 Euro. Und damit haben die Kinder noch nicht angefangen zu studieren, noch enthalten diese Kosten die Gebühren privater Nachhilfeschulen (*juku*), die von über der Hälfte aller Oberschüler, 65 % der Mittelschüler und 24 % der Grundschüler besucht werden. Je nach Anzahl der Stunden belaufen sich die Kosten dafür auf 35 000 bis 50 000 Yen im Monat (ca. 320 bis 450 Euro). Hinzu kommen Kosten für außerschulischen Unterricht wie Musik, Sport und Fremdsprachen, insbesondere Englisch. Ein Oberschulabschluss kostet die Eltern somit zwischen 55 000 und 150 000 Euro pro Kind.

Ohne ein gutes regelmäßiges Einkommen ist eine solche Summe

schwer aufzubringen. Zwar sehen die Schulträger verschiedene Möglichkeiten der Beihilfe und Schulgeldbefreiung für wirtschaftlich schwache Familien vor, damit rechnet jedoch niemand gern bei der Gründung einer Familie. Angesichts der Vielzahl der Schulen in privater Trägerschaft und der angespannten Finanzlage der öffentlichen Kassen ist eine Verlagerung der Kosten der Schulbildung von privaten Haushalten zur öffentlichen Hand im Interesse der Entlastung junger Familien höchst unwahrscheinlich. Das zeigten schon die Schwierigkeiten bei der Erhöhung des Kindergeldes, die 2010 von der Regierung geplant war, um die Familien zu entlasten. Die Haushaltslage erzwang den Verzicht auf diese Maßnahme. So wird Schulgeld weiterhin ein erheblicher Kostenfaktor für die privaten Haushalte bleiben.

47. Ist Japan eine Klassengesellschaft? Das moderne Japan ist oft als eine sehr homogene Gesellschaft beschrieben worden. Das bezog sich nicht nur auf die zahlenmäßige Geringfügigkeit ethnischer Minderheiten, sondern auch auf die soziale Differenzierung. Während die Gesellschaftsanalyse in Europa lange darauf beruhte, dass die Gesellschaft hierarchisch geschichtet ist, wobei soziale Unterschiede entweder als solche der Verfügung über Produktionsmittel beschrieben wurden oder in Bezug auf unterschiedliche Lebenschancen, herrschte in Japan lange die Meinung, dass Klasse bzw. soziale Schicht keine Begriffe seien, die dem Verständnis der japanischen Gesellschaft förderlich sein können. Sowohl Wissenschaftler als auch Laien machten sich ein anderes Bild von ihrer eigenen Gesellschaft. Danach bestimmt sich der Platz der Individuen in der Gesellschaft weniger durch seine Position auf einer Stufenleiter – die da oben, wir hier unten – als durch seine Zugehörigkeit zu einer Körperschaft – Familie und vor allem Firma.

Beredten Ausdruck verlieh dieser Vorstellung die Sozialanthropologin Chie Nakane, die Japan als eine quasi klassenlose Gesellschaft beschrieb. Der von ihr geprägte Begriff der «vertikal strukturierten Gesellschaft» (*tate shakai*) erwies sich als außerordentlich suggestiv und wurde sowohl in Japan als auch im Ausland zum Gemeinplatz, mit dem sich gewisse Unterschiede zwischen Japan und westlichen Industriegesellschaften erklären bzw. wegerklären ließen. Japan verstand sich als «nivellierte Mittelstandsgesellschaft». Erst mit der Finanzkrise der frühen 1990er Jahre verlor diese Vorstellung an Überzeugungskraft. Inzwischen ist sie von dem Begriff der «Differenzgesellschaft» (*kakusa shakai*), in der es Gewinner und Verlierer gibt, verdrängt worden. Soziale Unterschiede, am deutlichsten erkennbar an Einkommens- und Bildungsunterschieden, spielen eine zunehmend wichtige Rolle. Dabei zeigt sich, dass diese Unterschiede ebenso wie in Deutschland und USA in dem Sinne erblich sind, als die Einkommensverhältnisse und das Bildungsniveau der Eltern einen bestimmenden Einfluss auf die Lebenschancen der Kinder haben. Das ist ein deutliches Anzeichen dafür, dass in Japan eine neue Klassengesellschaft entsteht. Es ist eine Gesellschaft, die durch soziale Ungleichheit gekennzeichnet ist, die vor allem in der unterschiedlichen Verfügung über Einkommen, Bildungschancen und sichere Beschäftigung zum Ausdruck kommt. Da Bildung in der Wissensgesellschaft immer wichtiger wird, wird der Zusammenhang zwischen diesen Parametern immer enger. Ein hohes Einkommen ermöglicht bessere Bildungschancen für die Kinder, die dadurch leichter lukrative und dauerhafte Beschäftigung finden.

Weitere Anzeichen einer sich formenden Klassengesellschaft sind nicht zu übersehen. Die Armutsquote steigt und war 2008 die vierthöchste aller OECD-Länder. Seit Mitte der 1980er Jahre hat die Ungleichheit von Einkommen aus Arbeit und Ersparnissen um 30 % zugenommen, während Kinderarmut im gleichen Zeitraum von 11 % auf 14 % angestiegen ist. Altersarmut ist etwas zurückgegangen, liegt aber über dem OECD-Mittel. Insgesamt verstärkt sich der Eindruck, dass Japan sich zu einer zunehmend stratifizierten Gesellschaft mit schichtspezifisch unterschiedlichen Lebenschancen entwickelt.

48. Gibt es in Japan Armut? Japan ist ein reiches Industrieland. Seit Jahrzehnten gehört es nach allen Indikatoren, die gesellschaftlichen Reichtum messen, zur Spitzengruppe aller Länder. Mit rund 9 % des Weltprodukts war Japan bis 2009 nach der EU und den Vereinigten Staaten die drittgrößte Volkswirtschaft. Sein Anteil am Weltprodukt ist je nach Index etwas größer oder etwas kleiner als ein Drittel des europäischen, wobei die Bevölkerung der EU fast viermal so groß ist wie die Japans. Auch das japanische BIP pro Kopf ist dementsprechend sehr hoch. Die Realeinkommen sind hoch, und obwohl sie in den letzten Jahren zurückgegangen ist, ist auch die Sparquote privater Haushalte relativ hoch.

Dieser Reichtum war bis in die 1990er Jahre relativ gleich verteilt. Einkommensunterschiede waren geringer als in anderen Industrieländern, und nur wenige Japaner mussten sich um ihren Arbeitsplatz sorgen. 1990 lag die Arbeitslosigkeit bei 2,1 %. Auch wenn manche nur ein knappes Auskommen hatten, war Armut kein Thema, das die Sozialpolitiker oder die Gesellschaft als Ganze beschäftigt hätte. Das hat sich seither geändert. Seit 1980 hat sich der Anteil der nicht-regulär Beschäftigten auf über 30 % aller Arbeitnehmer mehr als verdreifacht, was eine Vergrößerung der Einkommensunterschiede nach sich gezogen hat. Bis 2006 hatte sich die Arbeitslosenquote seit 1980 verdoppelt. Eine OECD-Studie aus dem gleichen Jahr attestierte dem einst so egalitären Japan Einkommensunterschiede, die über dem Durchschnitt der OECD-Länder lagen. Zwei Jahre später wurde diese Einschätzung wiederholt und durch die Angabe ergänzt, dass 14,9 % der Japaner unter der Armutsgrenze von 50 % des mittleren Einkommens lebten. 2009 veröffentlichte die japanische Regierung erstmals selbst eine Armutsrate: 15,7 %. Nach anderen Berechnungen liegen im ersten Jahrzehnt dieses Jahrhunderts bis zu ein Fünftel aller japanischen Haushalte unter der Armutsgrenze.

Die Ursachen der neuen Armut sind vielfältig. Durch die Alterung kommen die Rentenkassen unter Druck, und es wird für den Staat zunehmend schwieriger, das soziale Netz enger zu knüpfen. In Japan stehen jedem Rentner über 65 nur 2,5 Werktätige gegenüber. Im OECD-Durchschnitt sind es 4. Dementsprechend müssen immer mehr Menschen auch im Alter für ihren Lebensunterhalt arbeiten. Die Erwerbsbeteiligung älterer Menschen ist deutlich höher als in anderen OECD-Ländern, teils aus Neigung, teils aus Notwendigkeit. 44 % des Einkommens von Haushalten mit älteren Menschen ist Erwerbseinkommen, verglichen mit einem OECD-Durchschnitt von 20 %.

Die Bedingungen der Arbeitslosenversicherung sind so restriktiv, dass 77 % der Arbeitslosen keine Unterstützung erhalten (2008). Auch Sozialhilfe erhalten nicht alle, die kein Einkommen haben oder die trotz Einkommen unter der Armutsgrenze liegen. Mindestlöhne variieren regional und sind zum Teil so niedrig, dass Vollzeitarbeit für Mindestlohn nicht ausreicht, den Lebensunterhalt zu sichern.

Besonders besorgniserregend ist die zunehmende Kinderarmut. Eins von sieben Kindern lebt in Armut. Für Kinder Alleinerziehender (in der Regel Mütter), die häufig wegen des Kindes keine Vollzeitbeschäftigung annehmen können und mit monatlich 70 000 bis 80 000 Yen auskommen müssen, steigt der Prozentsatz auf eins von zwei. Zum Teil ist das eine unwillkommene und unvorhergesehene Folge der Liberalisierung des Scheidungsgesetzes, das wenig wirksame Sanktionen bei der Nichtzahlung von Alimenten vorsieht. Kinderarmut ist vor allem deshalb ein großes Problem, weil es in einer äußerst materialistischen Gesellschaft, in der Bildung teuer ist, einen Teufelskreis von schlechter Ernährung, schlechter Gesundheit, schlechter Ausbildung und schlechten Jobs einleitet und damit die Reproduktion der Armut in einer neuen Unterschicht.

49. Wie stark sind japanische Gewerkschaften? Japan hatte im Jahre 2008 26 965 Gewerkschaften. Allein diese Zahl macht deutlich, dass japanische Gewerkschaften nicht ohne Weiteres mit solchen in anderen Industrieländern zu vergleichen sind. Die große Zahl resultiert daraus, dass die meisten Gewerkschaften innerhalb eines Unternehmens organisiert sind und nicht wie europäische Gewerkschaften als Arbeitnehmervertreter eines Industriezweigs. Es sind Betriebsgewerkschaften. Eine Ausnahme ist die Lehrergewerkschaft *Nihon Kyōshokuin Kumiai*, meist *Nikkyōso* genannt, mit 290 000 Mitgliedern (2008). Insgesamt sind rund 10 Mio. Arbeitnehmer gewerkschaftlich organisiert, was einem Organisiertheitsgrad von 18 % entspricht (Deutschland 27 %, GB 29 %).

Zwar hat die Lehrergewerkschaft immer linke Positionen vertreten und war lange in Teilen mit der Sozialistischen Partei und der Kommunistischen Partei verbunden; insgesamt wurzeln die japanischen Gewerkschaften aber nicht in einer klassenkämpferischen Tradition. Die Betriebsgewerkschaften verstehen sich als Teil ihrer Betriebe, um deren Wohlergehen es ihnen ebenso zu tun ist wie der Betriebsleitung. Ihre Hauptaufgabe ist es, für die Belegschaft Beschäftigungssicherheit, innerbetriebliche Demokratie und gerechte Bezahlung auszuhandeln. Dabei repräsentieren sie eine privilegierte Minderheit der Arbeitnehmer, nämlich die Stammbelegschaft der Festangestellten. Je größer das Unternehmen, desto höher ist der Grad der gewerkschaftlichen Organisiertheit. Bei Firmen mit mehr als 1000 Arbeitnehmern lag er 2007 bei 47,5 %, bei solchen mit weniger als 100 bei 1,1 %.

In der Hochwachstumsphase bis in die 1980er Jahre waren die Gewerkschaften trotz ihrer Zersplitterung sehr mächtig, da Arbeitskräftemangel herrschte. In der «Frühjahrsoffensive» (*shuntō*) vor Beginn des Rechnungsjahres am 1. April konnten sie Jahr für Jahr gute Lohnerhöhungen für ihre Mitglieder durchsetzen. Seit den

1980er Jahren jedoch gehen die Zahl der Gewerkschaften, die ihrer Mitglieder und der Grad der gewerkschaftlichen Organisiertheit beständig zurück. Durch die Verringerung der Stammbelegschaften im Zuge der Deregulierung und Umstrukturierung des Arbeitsmarkts in den 1990er Jahren hat sich dieser Trend wie in anderen Industrieländern auch verstärkt. Der politische Einfluss der Gewerkschaften hat sich dadurch verringert. Diese Entwicklung spiegelt sich in der Zahl der Arbeitskämpfe wider. 1975 gab es 7574 Streiks, an denen sich 4,6 Mio. Arbeiter beteiligten, was zu einem Ausfall von über 8 Mio. Arbeitstagen führte. Dem standen 2004 nur 173 Streiks von 55 000 Arbeitnehmern und eine Ausfall von lediglich 10 000 Arbeitstagen gegenüber.

50. Wie viele Japaner sitzen im Gefängnis und warum? Japan ist für seine niedrige Kriminalität bekannt, die auch in der geringen Inhaftierungsrate zum Ausdruck kommt. 2007 waren 62 pro 100 000 Einwohner inhaftiert, in Deutschland 95, in Südafrika 335, und in den USA, dem Weltspitzenreiter, waren es noch einmal mehr als doppelt so viele: 738 von 100 000. Das japanische Strafrecht kennt sowohl die Todesstrafe – für Landesverrat, Aufruhr und Mord – als auch den lebenslänglichen Freiheitsentzug. Beide Strafen werden jedoch nur selten verhängt, und die Länge von Freiheitsstrafen ist wesentlich geringer als in anderen Industrieländern. Gewaltverbrechen sind selten. Die Mordrate etwa liegt bei 0,49 auf 100 000, zum Vergleich: Deutschland 1,1, USA 4,2. Auch Drogenmissbrauch ist geringer. Die drei häufigsten Straftaten, die mit Gefängnisstrafen geahndet wurden, waren 2009 Einbruch und Diebstahl, Verstöße gegen das Betäubungsmittelgesetz und bewaffneter Raub mit Körperverletzung oder Todesfolge. Männer werden weit häufiger straffällig als Frauen und dementsprechend auch häufiger inhaftiert. Die Zahl der männlichen Gefängnisinsassen übersteigt die der weiblichen um mehr als das Zehnfache. Nach Angaben des japanischen Justizministeriums standen 2009 im Jahresdurchschnitt 70 489 Männern nur 5231 Frauen gegenüber. Verbrechensbekämpfung ist relativ erfolgreich. Die Aufklärungsquote ist hoch wie auch die der Verurteilung von Angeklagten. Das Strafmaß jedoch ist niedrig. In dem während der Haft sehr harten Strafvollzug wird auf Bewährung gesetzt. Sühne ist weniger wichtig als Wiedereingliederung in die Gesellschaft. Lebenslängliche Gefängnisstrafen werden oft nach 15 Jahren in Bewährung umgewandelt.

In den letzten Jahren hat die Kriminalität allgemein zugenommen, was mit Sorge beobachtet wird. Sie ist insgesamt aber nach wie vor deutlich niedriger als in anderen Industrieländern.

51. Wie viele *Yakuza* gibt es, und was unternimmt die Polizei gegen sie? Kenichi Shinoda alias Shinobu Tsukasa, Präsident der *Yamaguchi-gumi*, Shigeo Nishiguchi, Boss der *Sumiyoshi-kai*, Mitsugu Baba, Chef der *Aiyukotetsu-kai* – die Namen sind in Japan allgemein bekannt, denn die drei Genannten bekleiden Führungspositionen in der Welt des organisierten Verbrechens. Und bekannt sind nicht nur die Promigangster. Die Polizei führt Listen mit tausenden von Namen, deren Träger kriminellen Vereinigungen der Yakuza angehören. In staatlichen Verlautbarungen werden sie als gewalttätige Banden (*bōryokudan*) bezeichnet.

Obwohl die Nationale Polizeibehörde umfassende Kenntnisse über das organisierte Verbrechen hat, ist das Problem schwer in den Griff zu bekommen. Nach Schätzungen haben die diversen kriminellen Vereinigungen insgesamt 84 000 Mitglieder. Sie sind nicht ganz willkürlich, da sie die nach dem Gesetz gegen die Bandenkriminalität von 2007 als *Bōryokudan* identifizierten 21 Gruppen umfassen. Das bedeutet aber nicht, dass nicht auch andere Gruppen ihr Unwesen trieben, ohne dass sie bisher als kriminelle Vereinigungen erfasst worden wären.

Eine Eigentümlichkeit der Yakuza ist, dass sie wie die italienische Mafia, mit der sie deswegen oft verglichen werden, nicht im Dunkeln, sondern im Halbschatten operieren. Viele ihrer Aktivitäten sind kriminell: Glücksspiel, Menschenhandel, Prostitution, Schmuggel mit Waffen, Drogen und Pornographie, Hehlerei; aber sie sind auch an legalen Geschäften und solchen am Rande der Legalität beteiligt: Schuldeneintreibung, Wucher, Bestechung, Erpressung und Einschüchterung auf dem Immobilienmarkt. Yakuza beteiligen sich auch am Wertpapierhandel und haben über die Börse große Summen in Firmen investiert, was zum Teil bekannt ist. 2008 beschloss die Börse in Osaka, Firmen mit Yakuza-Beziehungen auszuschließen.

Die Yakuza nehmen für sich in Anspruch, den in der verderbten modernen Gesellschaft in Vergessenheit geratenen Geist der Samurai hochzuhalten. Neue Mitglieder werden einem Aufnahmeritus unterworfen und der althergebrachten Pate (*oyabun*)-Mündel (*kobun*)-Hierarchie eingegliedert. Sie geben sich traditionsbewusst und unterhalten Beziehungen zu nationalistischen Kreisen. Unter den Yakuza sind

Randgruppen überrepräsentiert, insbesondere *Burakumin*, Nachfahren einer in der Feudalgesellschaft ausgegrenzten Bevölkerungsgruppe, und Koreaner, die ebenfalls lange diskriminiert wurden. Den Rechtlosen und Ausgestoßenen eine Heimat zu bieten, ist Teil des Images, das sie auch in der Öffentlichkeit pflegen. Die Hauptquartiere der Verbrechersyndikate sind der Polizei gut bekannt. Indem sie sie nicht in den Untergrund drängt, glaubt die Polizei, sie besser observieren zu können.

52. Welche Rolle spielt das Militär? Die Niederlage im Zweiten Weltkrieg hat Politik und Gesellschaft Japans langfristig bewogen, Gewaltanwendung zur Durchsetzung politischer Ziele abzulehnen. Es besteht allgemeiner Konsens, dass das Militär unter strenger ziviler Aufsicht stehen muss. Der Antikriegsartikel 9 der Verfassung erfreut sich großer Zustimmung. Bis 2007, als der Chef des Verteidigungsressorts Ministerrang erhielt, gab es nur die Verteidigungsbehörde, die direkt dem Ministerpräsidenten unterstellt war und keine eigenen Haushaltsverhandlungen führen konnte. Der Verteidigungsminister muss Zivilist sein. Jeder Einsatz der Selbstverteidigungsstreitkräfte muss vom Parlament gebilligt werden, das Artikel 41 der Verfassung als «höchstes Organ staatlicher Gewalt» definiert. Dem Namen der Streitkräfte entsprechend waren Bewaffnung und strategischer Auftrag immer defensiv ausgerichtet. Der Einsatz außerhalb der japanischen Grenzen war lange verboten, auch für friedenserhaltende Maßnahmen. Erst 1992 nahmen japanische Soldaten erstmals an einem solchen Einsatz unter UN-Kommando in Kambodscha teil. Jeder Auslandseinsatz bedarf eines eigenen Gesetzes. Bei solchen Einsätzen dürfen japanische Soldaten nicht in Kampfzonen geschickt werden oder sich an Kampfhandlungen beteiligen. Die japanische Bevölkerung und die Gerichte sind in dieser Hinsicht ebenso aufmerksam wie empfindlich. Unter amerikanischem Druck schickte die japanische Regierung 2004 trotz dieser Rechtslage 4000 Soldaten in den Irak, was sie damit rechtfertigte, dass der Irak kein Kampfgebiet sei. Bis 2008 wurden die Soldaten wieder abgezogen. Im selben Jahr gab das Oberlandesgericht Nagoya der Klage von über 3000 Bürgern Recht und entschied, dass dieser Einsatz verfassungswidrig war. Ebenfalls von Anfang an umstritten war der Einsatz im Indischen Ozean, wo die Marine seit 2001 das amerikanische Militär mit Nachschublieferungen unterstützt.

Diese Beispiele deuten darauf hin, dass in Japan kaum Bereitschaft besteht, dem Militär eine prominentere Rolle einzuräumen, um Japans Einfluss in der Welt zu vergrößern. Pazifistische Einstellungen sind weit verbreitet, und alle Versuche rechtsgerichteter Politiker, den Antikriegsartikel 9 der Verfassung anzutasten, sind im Sande verlaufen. Mit der Existenz der Selbstverteidigungsstreitkräfte haben sich die meisten Japaner abgefunden, aber sie wollen nicht, dass sie eine Rolle in der Politik spielen. Öffentliches Auftreten von Militärs kommt kaum vor, und außerhalb ihrer Kasernen bewegen sich Soldaten, wenn sie nicht bei Naturkatastrophen im Einsatz sind, meist in Zivil. Die Armee ist in Japan heute kein Machtfaktor, und dem entspricht ihre relative Unsichtbarkeit in der Öffentlichkeit.

53. Warum ist die Selbstmordrate in Japan so hoch? Die Modernisierung Japans seit der Meiji-Zeit (1868–1911) war äußerst erfolgreich, aber sie geschah nicht ohne Opfer und gesellschaftliche Fehlentwicklungen. Die bei Weitem auffälligste und alarmierendste ist die hohe Selbstmordrate. Selbstmord hat viele Ursachen; die Dunkelziffern in verschiedenen Ländern sind unterschiedlich hoch; auch kulturelle Faktoren spielen eine Rolle. Internationale Vergleiche sind deshalb weniger aussagekräftig, als es auf den ersten Blick erscheinen mag. Dass Japans Selbstmordrate erschreckend hoch ist, lässt sich dennoch nicht bezweifeln. Seit Ende der 1990er Jahre legen Jahr für Jahr mehr als 30 000 Menschen Hand an sich, sehr viele mehr als vor einem halben Jahrhundert, als es den Japanern in vieler Hinsicht schlechter ging. Mit dem wachsenden Reichtum sind die Bedingungen des Reichwerdens härter und die Risiken des Ruins größer geworden. Zwei von drei Selbstmördern sind Männer. Wirtschaftliche Schwierigkeiten sind nicht die einzige, aber eine wichtige Ursache. März, vor Ende des Fiskaljahrs, ist der Monat mit den meisten Selbstmorden. Die Zahlen schwanken mit der Konjunktur. 2009 sah sich die Regierung genötigt, eine Task Force zur Verhinderung von Selbstmord einzurichten.

Eine weitere unwillkommene gesellschaftliche Entwicklung ist die Zunahme klinischer Depression. Im Jahre 2000 war es bereits die vierthäufigste Krankheit der Japaner, und 2020 wird sie nach einer Prognose des Gesundheitsministeriums auf dem zweiten Rang stehen. Besorgniserregend ist das vor allem deshalb, weil Depression das Suizidrisiko wesentlich erhöht. Gemütskrankheiten waren in Japan lange stigmatisiert. Das ändert sich langsam, indem Depression häufiger in der Öffentlichkeit thematisiert, Beratung empfohlen und nach neuen Therapien gesucht wird.

Auf die hohen Ansprüche, die das Leben unter den Bedingungen des schnelllebigen japanischen Konsumkapitalismus mit sich bringt, reagiert eine wachsende Gruppe junger Menschen mit Sozialphobie bzw. völligem Rückzug aus der Gesellschaft. Die *Hikikomori*, so heißen diese neue Zivilisationskrankheit und die von ihr Befallenen, schließen sich ab und reduzieren Kommunikation und soziale Kontakte auf ein Minimum. Für ihre Familien sind sie eine große Belastung, was zur Entstehung von Selbsthilfegruppen und Internet-Foren geführt hat. Verlässliche Zahlen gibt es nicht, aber es handelt sich um ein Massenphänomen an der Schnittstelle von Persönlichkeitsstörung und gesellschaftlicher Fehlentwicklung.

Verwandt mit den *Hikikomori* sind die NEET, die mit diesem in England geprägten Begriff auch in Japan bezeichnet werden: *Not in Employment, Education or Training* (Ohne Beschäftigung, Ausbildung oder Schulung). Die schlechte Wirtschaftsentwicklung seit den 1990er Jahren hat ihre Zahl anwachsen lassen und vielen Japanern vor Augen geführt, dass Schwache und Außenseiter wenige Ausweichmöglichkeiten haben und es an Mechanismen für die Korrektur von Fehlentwicklungen, an denen die Gesellschaft leidet, mangelt.

54. Wer gibt wem was und wie viel? Eine Hand wäscht die andere, und kleine Geschenke erhalten die Freundschaft, so heißt es, und das gilt auch in Japan; allein sind es durchaus nicht nur *kleine* Geschenke. Der Austausch von Gaben ist für die Herstellung, Aufrechterhaltung und Pflege sozialer Beziehungen konstitutiv. Nach einer Schätzung des Yano-Forschungsinstituts für Marketing betrug 2008 der Umsatz für Geschenke 17,3 Billionen Yen, rund 141,8 Mrd. Euro. Einer Untersuchung des Ministeriums für öffentliche Verwaltung und Telekommunikation lässt erkennen, dass es in der Verteilung der Gaben übers Jahr vier deutliche Gipfel gibt: (1) Am Jahresbeginn werden Neujahrsgeschenke (*toshidama*) verteilt, vor allem von Älteren an Jüngere. (2) Im März gehen das Schuljahr und das Fiskaljahr zu Ende. Diejenigen, für die das den Abschluss einer Schulstufe oder der Universität bedeutet, werden mit Geschenken bedacht. (3) Im Mittsommer, regional unterschiedlich Mitte Juli oder Mitte August, wird das *Bon*-Fest gefeiert, das Anlass zum Schenken bietet, insbesondere auch von Firmen an Kunden und zwischen Geschäftspartnern allgemein (*ochūgen*). (4) Im Dezember ist es dann Zeit für das Geschenk zum Jahresende (*oseibo*), das wiederum hauptsächlich von Firmen verteilt wird.

Darüber hinaus gibt es zahlreiche andere Anlässe, um sich mit einem Geschenk erkenntlich zu zeigen. Von der Geburt bis zum Tod ist das Leben durch Gaben und Gegengaben strukturiert, durch die ein jeder in einem Netzwerk mit anderen Menschen verbunden ist. Wer eine Reise unternimmt, kauft für Kollegen, Freunde und Nachbarn Mitbringsel. Geschenke gibt es, wenn man die Aufnahmeprüfung in den Kindergarten besteht, aus dem Krankenhaus entlassen wird oder in Pension geht. Ein Geschenk verlangt in Japan auf jeden Fall eine Gegengabe (*okaeshi*). Da die Beziehung zwischen Geber und Beschenktem oft asymmetrischer Natur ist, braucht die Gegengabe der Gabe nicht materiell gleichwertig zu sein. Es kommt mehr darauf an, die Verbundenheit, die mit dem Geschenk zum Ausdruck gebracht wird, zu bestätigen und zu erwidern. Für viele Situationen ist der Austausch quasi institutionalisiert. So erhalten die Hochzeitsgäste ihre Gegengabe bereits, wenn sie von der Feier nachhause gehen. Als Geschenk wird erwartet, dass sie einen Umschlag, gekennzeichnet mit ihrem Namen und der darin enthaltenen Summe Geldes, am Empfang abgeben. Ähnlich wird bei Trauerfeiern verfahren.

Geldgeschenke sind bei vielen Gelegenheiten üblich, was bedeutet, dass ein Teil des Geldverkehrs am Fiskus vorbeifließt. Wie groß diese Schattenwirtschaft ist und in welchem Umfang sie sich an der Grenze des Zulässigen oder jenseits davon vollzieht, ist kaum abzuschätzen. Es liegt aber auf der Hand, dass die Gabe außerhalb der Bücher des normalen Wirtschaftsgeschehens diese Grenzen verschwimmen lässt. Was honoriges Geschenk, was Bestechung ist, mag bei der Hochzeit der Tochter des Bürgermeisters nicht immer ganz offensichtlich sein.

In der Politik sind Spendenskandale endemisch. Kaum ein Kabinett seit 1945, aus dem nicht wenigstens ein Minister wegen Verstoßes gegen das Parteienfinanzierungsgesetz oder anderer finanzieller Unregelmäßigkeiten zurücktreten musste. Auch hohe Beamte sind regelmäßig in Skandale verwickelt, bei denen es um Spenden, Geschenke, Vergnügungsreisen und extravagante Einladungen geht. Japan ist nicht korrupter als andere moderne Industrieländer. Auf dem Korruptionsindex von *Transparency International* kommt es auf Platz 17, direkt nach Österreich, Irland und Deutschland und vor England, den USA, Belgien und Frankreich. Auffällig an Japans Korruption ist weniger das Ausmaß als der Umstand, dass sie mit überkommenen Bräuchen und Strukturen, die mit einem transparenten Rechtsstaat nicht kompatibel sind, so offensichtlich in Zusammenhang steht. Und es ist diese Tradition der Pflege sozialer Beziehungen durch Geschenke, die die Durchsetzung ethischer Standards der Unbestechlichkeit erschwert.

55. Was bedeutet Höflichkeit für die japanische Gesellschaft?
Schon Engelbert Kaempfer (1651–1716) beschrieb in einem der ersten großen europäischen Japanberichte die japanische «Lebensart vom geringsten Bauern bis zum größten Herrn als so zivil, dass man das ganze Reich eine hohe Schule aller Höflichkeit und guten Sitten nennen mag». Dieser Eindruck drängt sich dem Beobachter auch heute noch auf. In Japan wird großer Wert auf Umgangsformen gelegt. Kaempfer fiel auf, dass das für alle sozialen Schichten galt, denn in Europa zeugen schon die diesbezüglichen Wörter wie «Höflichkeit» und «Courtoisie» davon, dass Höflichkeit zumindest ursprünglich soziale Unterschiede kennzeichnete. Es überraschte ihn, dass ein zivilisiertes Benehmen auch in unteren sozialen Schichten gepflegt wurde.

Höfliches Benehmen ist von früher Kindheit an ein zentraler Bestandteil der Erziehung, wobei den Kindern deutlich gemacht wird, dass es hierbei nicht um die Beachtung bloßer Konventionen geht, sondern um die richtige Gestaltung der Beziehung zu anderen. Die Regeln der Etikette verleihen nicht nur Sicherheit im Verhalten, sie zu befolgen entspricht auch dem moralischen Imperativ der guten und verantwortungsvollen Lebensführung. Höflichkeit ist nicht oberflächlicher Firnis, sondern Grundlage der Moral.

Zwar ist es für Ausländer mit einem Minimum an Taktgefühl nicht schwer, einen Fauxpas zu vermeiden, aber die Feinheiten der sozialen Etikette erschließen sich nicht auf den ersten Blick. Für Kleidung, Tischsitten, Sprachgebrauch und Verhalten in diversen Situationen gibt es zum Teil sehr detaillierte Regeln, die man sich bewusst aneignen muss. Das ist die Existenzgrundlage einer umfangreichen Ratgeberliteratur, deren sich viele Japaner gern bedienen, was von Vertrauen in Buchwissen ebenso zeugt wie von der Überzeugung, dass es richtige Verfahren und richtige Lösungen gibt. So, wie die Befolgung der Faltanleitungen die gewünschte Origami-Figur entstehen lässt, gibt es vorgeformte Elemente des Verhaltens, deren Beherrschung den reibungslosen gesellschaftlichen Umgang ermöglicht.

Besonders ausgeprägt ist die sprachliche Etikette. Wie man sich selbst bezeichnet, andere anredet und von dritten Personen spricht, hängt von Alter, Geschlecht, Situation und der Beziehung der betroffenen Personen zueinander ab. Die Differenzierung der Anrede ist durchaus feiner als der einfache Unterschied zwischen *Du* und *Sie*. Die stilistischen Register der Feinabstimmung des situationsgerechten sprachlichen Ausdrucks sind so vielfältig wie die einer Orgel. Sie zu beherrschen erfordert Training. Jedes Jahr wieder erscheinen zahlreiche Bücher über den richtigen Sprachgebrauch in Wort und Schrift. Sie werden vor allem von jungen Leuten gelesen, die vor dem Eintritt ins Berufsleben stehen, wo sie sich Ausdrucks- und Verhaltensweisen zu eigen machen müssen, an die sie als Schüler und Studenten nicht gewöhnt sind. Durch Nichtbeachtung der Regeln der guten Form beschämt man nicht nur sich selber, sondern das Geschäft, die Firma, die Abteilung, für die man arbeitet. Scham vor anderen ist in Japan eine der wichtigsten Kräfte der Verhaltensregulierung. Die japanische Sprache stellt viele Ausdrücke bereit, um dem Eindruck vorzubeugen, man sei ein schamloser, unverschämter Mensch. Die gebräuchlichste Formel, um sich für tatsächliche und vermeintliche Verletzungen von Benimmregeln zu entschuldigen und zu signalisieren, dass man diese Regeln und damit sein Gegenüber respektiert, *shitsurei shimasu* bzw. im Nachhinein, *shitsurei shimashita*, bedeutet wörtlich «ich bin/war unhöflich, unverschämt». Das eigene konkrete Verhalten muss man situationsgerecht darauf ausrichten, dass man andere nicht belästigt und sich (und die Seinen) nicht beschämt. Das ist eine wichtigere Richtschnur als allgemeine Normen und abstrakte Vorstellungen von Gut und Böse. So gesehen ist Höflichkeit die Grundlage der japanischen Gesellschaft.

56. Woher kommen *Otaku*, und wohin gehen sie? Das Wort *otaku* ist eine höfliche Bezeichnung für das Haus einer anderen Person. Sie wird als Anredeform in der Bedeutung von «Sie» verwendet. Seit den 1980er Jahren hat der Ausdruck eine zusätzliche umgangssprachliche Bedeutung erhalten. Er bezieht sich auf Fans bestimmter Produkte, Themen, Sammelobjekte oder Genres: *Manga-otaku*, *Anime-otaku, Science Fiction-otaku* etc. *Akiba-kei*, wörtlich: «Akihabara-Stil» ist ein anderer umgangssprachlicher Ausdruck für *otaku*. Er bezieht sich auf den Tokyoter Stadtteil Akihabara, wo die Otaku-Subkultur in den 1980er Jahren ihren Anfang nahm.

Akihabara ist als Einkaufsviertel für Elektronikartikel bekannt und als solches ein Anziehungspunkt für Otaku, die sich wie keine Generation vor ihnen im Cyberraum heimisch gemacht haben. Sie verstehen sich auf Computer und Software, beziehen ihre Informationen aus dem Internet und schaffen sich ihre eigenen Welten in elektronischen Spielen, mittels derer sie auch miteinander in Kontakt sind. In Akihabara haben sich auch Manga-Verlage und Vertreter der Spieleindustrie angesiedelt, was die vielfältigen Verbindungen zwischen diesen Bereichen zum Ausdruck bringt, die für die Otaku-Kultur kennzeichnend sind: computervermittelte Kommunikation, Manga, nach denen Filme gedreht werden, die man über das Telefondisplay konsumiert und deren Charaktere man zum Gegenstand einer Sammlung macht oder selber im *Cosplay* (costume play) darstellt.

Negative Eigenschaften, die mit Otaku anfänglich wegen ihrer manischen Fixierung auf ihr Hobby und ihrer sozialen Auffälligkeit – unangepasst, leicht exzentrisch, eher verschlossen – assoziiert wurden, kennzeichnen ihr Image heute nicht mehr. Die Otaku sind von Außenseitern zu weithin anerkannten Exponenten der postmodernen Gegenwartskultur aufgestiegen, die mit für den weltweiten Appeal von «Cool Japan» verantwortlich gemacht werden. Manche Beobachter erkennen in der Otaku-Kultur eine neue Lebensform. Der souveräne Umgang mit der internetvermittelten Informationsflut, eine gewisse Konsumverweigerung und eine skeptische bis ablehnende Haltung gegenüber konventionellen Lebensläufen, Akzeptanz von hybriden Kulturformen, in denen sich genuine und Pseudoelemente, Japanisches, Amerikanisches, Westliches, Asiatisches an der Oberfläche vermischen, wobei gerade dieses Quodlibet einen spezifisch japanischen Charakter hat; das sind Komponenten der Otaku-Kultur, die auch international Anklang gefunden haben. Otaku-Messen, Otaku-Clubs, Otaku-Tagungen, Otaku-Netzwerke gibt es inzwischen in vielen Ländern vor allem Ostasiens aber auch Nordamerikas und Europas, was darauf hindeutet, dass *otaku* mehr ist als eines der vielen Strohfeuer, die für die japanische Subkultur so charakteristisch sind. Selbst die japanische Regierung unterstützt solche Ereignisse, weil sie darin ein Mittel sieht, den Handel und das Interesse an Japan zu fördern.

57. Was ist der Nationalsport? Weit über Japans Grenzen hinaus haben sie dank Fernsehen heutzutage ihre Fans, die gewichtigen Giganten, die im Ring eine Agilität an den Tag legen, die man ihnen angesichts ihrer Leibesfülle nie zutrauen würde. «Sumo» ist zum Lehnwort in vielen Sprachen geworden, und jeder weiß, dass es aus Japan kommt. Sumo, der japanische Ringkampf, ist der Nationalsport, in dem Sinne jedenfalls, dass er mit der japanischen Kultur assoziiert wird. Sumo wird in Japan oft *kokugi* genannt, was eben das bedeutet: Nationalsport; und Turniere finden im *Kokugikan* statt, in der «nationalen Sporthalle».

Der zeremonielle Habitus des Sumo wird von Japanern und Nicht-Japanern als typisch japanisch empfunden. Die Haartracht der Ringer etwa erinnert an die Samurai, das Kostüm des Ringrichters an shintōistische Priester. Der Kampfplatz wird nach shintōistischem Brauch geweiht, reinigendes Salz von den Ringern vor Kampfbeginn in den Ring geworfen. Nach dem Kampf gehen die Ringer nicht wie andere Sportler nach Hause. Solange sie aktiv sind, wohnen sie vielmehr mit ihren Kollegen bei ihrem Trainer, der ihren Tagesablauf und ihr ganzes Leben vom Speisezettel bis zur Kleidung bestimmt. Sumo erhält auch viel Medienaufmerksamkeit. Die vier großen vierzehntägigen Wettkämpfe des Jahres werden von Fernsehen und Radio übertragen. Die Yokozuna, die Großmeister des Sumo, werden nicht nur als Athleten verehrt, sondern als Persönlichkeiten, da die Vertreter dieses Sports es verstanden haben, den Mythos zu pflegen, dass nur ein aufrechter Mann ohne Fehl und Tadel an die Spitze kommen kann.

Sumo ist ein Kampfsport, *Budō*, und als solcher traditionell mit dem Ethos der Krieger, *Bushi* bzw. Samurai verbunden. Umso größer ist die Aufregung, wenn Ringer der höheren Ränge oder andere Repräsentanten des Sports in Skandale verwickelt sind, was immer wieder vorkommt. Ein Aspekt davon ist, dass Sumo den Ruf nicht loswird, enge Beziehungen zur Unterwelt zu haben, wo man sich ebenfalls gern auf das Samurai-Ethos beruft. Nun ist Sumo nicht der einzige traditionelle Kampfsport. Kendō, der Schwertkampf, Kyūdō, Bogenschießen, und Jūdō oder Karate könnten auch Anspruch darauf erheben, als japanischer Nationalsport zu gelten, aber sie sind entweder nicht so populär wie Sumo oder zu international.

Misst man jedoch die Popularität des Sports an der Zahl der Zuschauer, steht Sumo in der Rangordnung kaum höher als Boxen

Von dem Eingang des Sumo-Stadions (Kokugikan) in Ryogohen, Tokyo (Foto F.C.)

und weit abgeschlagen hinter den beiden großen Publikumssportarten Baseball und, mit deutlichem Abstand, Fußball. 2009 wohnten 22,4 Mio. Zuschauer einem Baseballspiel bei, aber nur etwas mehr als 500 000 einem Sumo-Ringkampf. Japans beliebtestes Sportereignis ist das Baseball-Turnier der Oberschulen (*Kōshien*), für das Schulmannschaften im ganzen Land das ganze Jahr trainieren und das nach einem ersten Turnier im Frühjahr in der Meisterschaft gipfelt.

Wirtschaft

58. Wie groß ist die japanische Wirtschaft? Japan war bis 2009 die zweitgrößte Volkswirtschaft der Welt, nach den USA. Seit 1968, als es die BRD überholte, hatte es diesen Platz inne. 2010 wurde Japans Bruttoinlandsprodukt (BIP) dann von dem Chinas übertroffen, wobei China in einer Phase großen Wachstums ist, während Japans ausgereifte Wirtschaft nur noch geringe Wachstumsraten aufweist. Japan entwickelte sich in der Nachkriegszeit von einer armen, noch immer größtenteils agrarischen Wirtschaft zu einem hochentwickelten Industrieland. Vier wichtige Phasen hat es dabei durchlaufen: Wiederaufbau, Wirtschaftswunder, Ölschock und Stagnation.

Bis 1952 dauerte die amerikanische Besatzung, die darauf achtete, dass Japan nicht wieder zu einer militärischen Großmacht werden konnte. Sie zerschlug die großen Kartelle (*zaibatsu*), die durch die Verflechtung von Industrie, Finanzwirtschaft und Handel und in enger Zusammenarbeit mit der japanischen Regierung Japans Expansion nach Übersee vorangetrieben hatten. 1949 wurde der Wechselkurs auf 360 Yen pro US-Dollar festgelegt. Alle Anstrengungen richteten sich darauf, das zerstörte Land wieder aufzubauen.

Japans «Wirtschaftswunder», das bis 1989 dauern sollte, begann nach der Besatzungszeit. Es ging darum, den Westen durch ständige Produktivitätssteigerung einzuholen. Nachdem die Trümmer aufgeräumt waren, bedeuteten jede neue Maschine und jeder Industriearbeiter anstelle eines Bauern einen Gewinn. Japan profitierte von seinen niedrigen Löhnen und dem günstigen Wechselkurs. Das Exportvolumen nahm beständig zu und ließ die Wirtschaft wachsen. Der heimische Konsum wurde ebenfalls angekurbelt. Die Regierung Ikeda verkündete 1960 den «Einkommensverdopplungsplan», der jeder Familie «die drei Schätze» – Fernseher, Waschmaschine und Auto – bringen sollte. Die Einkommen stiegen parallel zum Wirtschaftswachstum, das im Schnitt bei 10 % lag. Die Industrie investierte die Gewinne in noch produktivere Maschinen, wodurch das Wachstum weiter vorangetrieben wurde.

Um 1973, als die Ölkrisen die Weltwirtschaft erschütterten, stand Japan als einziges nicht-westliches Land wirtschaftlich und technologisch auf einer Ebene mit den anderen Industrieländern, die einen Großteil der japanischen Produkte importierten. Die durch Japans große Handelsüberschüsse verursachten Friktionen führten zur Wechselkursfreigabe des Yen, der nun zu einem Kurs um die 290 Yen pro US-Dollar gehandelt wurde. Der teurere Yen, teurere Rohstoffe und höhere Löhne schmälerten die Gewinnspannen der Industrie, die bei Investitionen zu sparen begann. Um den Wachstumsrückgang aufzufangen, legte Ministerpräsident Kakuei Tanaka ein mit Staatsschulden finanziertes Stimulierungspaket vor. Japan wurde mit Autobahnen, Flugplätzen, Flussbett- und Küstenverstärkungen, Shinkansen-Verbindungen, Brücken usw. «zubetoniert». Der Plan ging auf. 1979 betrug Japans Haushaltsdefizit 6,1 %, hohe Wachstums- und Investitionsraten blieben erhalten. Der Export boomte, Handelsüberschüsse wuchsen weiter und führten insbesondere mit den USA zu heftigen Konflikten (1983–1987). Bei einem Treffen der fünf wichtigsten Industrieländer (G5) 1985 stimmte Japan wieder einer Aufwertung des Yen zu. Der Yen wurde nun um 120 Yen pro US-Dollar gehandelt und ist seither eine starke Währung. Die beinah hundertprozentige Steigerung seines Werts erschwerte den Export, machte aus Japan aber nach Dollars ein schwerreiches Land und eine Wirtschaftsgroßmacht. Der Handelsüberschuss wurde in Auslandsanlagen umgesetzt, vor allen Dingen durch den Kauf amerikanischer Staatsobligationen sowie Investitionen in Fabriken und Immobilien. Zuhause musste der Exportrückgang durch Konsum aufgefangen werden. Die Japanische Zentralbank senkte die Zinsen und sorgte für reichlich Liquidität. Das Image des reichen Landes, der Überfluss an billigem Geld, das waren Voraussetzungen für eine Wirtschaftshausse, in der Grundstückspreise und Aktien in die Höhe schossen. Der Nikkei-Aktienindex bewegte sich 1985 um die 10 000. Am 29. Dezember 1989 erreichte er sein historisches Hoch von 38 915 Punkten, während im Tokyoter Einkaufsviertel Ginza ein Quadratmeter für 36 Mio. Yen (320 000 Euro) gehandelt wurde.

Ende 1989 hob die Japanische Zentralbank den Zinssatz an, um der Inflation entgegenzuwirken. Die Seifenblase zerplatzte in der ersten Handelswoche 1990. Die Aktienkurse brachen ein, was einen Domino-Effekt hatte, weil große Mengen Aktien mit geliehenem Geld und Immobilien als Sicherheit gekauft worden waren. Japan geriet in eine Finanzkrise, mit Firmenpleiten und Banken, die mit faulen Krediten belastet waren und deshalb die Bedingungen für die Kreditvergabe verschärften. Die Regierung versuchte wiederholt, das Wachstum wie in den 1970er Jahren mit Stimulierungspaketen und öffentlichen Infrastrukturprojekten anzukurbeln. Jahr für Jahr schwollen die Staatsschulden an, während die Japanische Zentralbank den Diskontsatz gegen Null absinken ließ. Aber diese Maßnahmen waren nur bedingt wirksam. Japan war in den 90er Jahren wie alle anderen Länder der Globalisierung ausgesetzt, was u.a. dazu führte, dass die japanische Industrie immer mehr Produktionsstätten in Billiglohnländer auslagerte, während gleichzeitig Billigimporte ins Land kamen. Die Arbeitslosigkeit nahm zum ersten Mal zu und stieg über 5 Prozent. Die vor diesem Hintergrund durchgeführten Deregulierungsmaßnahmen der japanischen Regierung bewirkten die Aufweichung des Beschäftigungsschutzes. Die Zahl der nicht-regulären (und schlechter bezahlten) Arbeitsverhältnisse erhöhte sich drastisch. Die Unsicherheit unter den Menschen nahm zu, auch bezüglich ihrer Altersversorgung. Die Konsumenten setzten auf Sparen.

Seit den 1990er Jahren stagniert die japanische Wirtschaft: Deflation, Null-Zinssatz, hohe Arbeitslosigkeit unter Jugendlichen. Die Staatsverschuldung ist auf über 200 % des BIPs gewachsen. Der Inlandskonsum ist rückläufig. Die Menschen sind verunsichert. Japan ist noch immer ein reiches Land, weil die Bürger, anders als der Staat, in guten Zeiten gespart haben. Noch läuft die Wirtschaft, weil jetzt China und die Schwellenländer von Brasilien bis Vietnam in der Aufholphase sind und japanische Produkte kaufen. Mit Wachstum im Inland kann Japan weniger rechnen, weil die Bevölkerung schnell schrumpft. Es sieht so aus, als würde Japan erneut eine Pionierrolle spielen: die des ersten Industrielandes, das sich auf eine schrumpfende Bevölkerung und auf einen schrumpfenden Markt einstellen muss.

59. Was sind die tragenden Säulen der japanischen Industrie? Im Ausland kennt man die großen Namen der japanischen Industrie: Sony und Hitachi, Toyota und Honda, Canon, Asics, Shiseido usw. Die großen Unternehmen, insgesamt etwa 13 000, sind wichtig. Sie sind die Zugpferde der japanischen Wirtschaft. Aber die Kernarbeit wird vom Fußvolk der 1,5 Mio. kleinen und mittelständischen Betriebe geleistet. Ihre Namen sind außerhalb Japans meist unbekannt, aber viele der Großen kaufen hier ein, und zwar das Beste, was Japan an Qualität zu bieten hat. 7 von 10 Japanern verdienen hier, in den Werkstätten im Quartier (*machikōjō*), in den Ein-Zimmer-

Ateliers oder auch in etwas größeren Fabriken, ihren Lebensunterhalt. Ähnlich wie in Deutschland ist die Wirtschaft hauptsächlich von kleineren Unternehmen geprägt, nur sind in Japan die Beziehungen zwischen großen Firmen und kleinen Zulieferern noch enger.

Diese duale Struktur der wenigen Großen und vielen Kleinen gab es bereits in der vorindustriellen Zeit. Die anfangs unter staatlicher Führung vorangetriebene Industrialisierung im späten 19. Jahrhundert baute auf ihr auf. Nach und nach überließ der Staat die neuen Industrien dem privaten Sektor, nämlich reichen Familien, die schon in der Edo-Zeit (1600–1868) eine führende Rolle spielten: Mitsui, Sumitomo und, etwas später, Mitsubishi und Yasuda. Die Meiji-Regierung war der Meinung, dass einige große, starke Firmen dem nationalen Interesse in dieser Zeit des Aufbaus besser dienten als der Wettbewerb zwischen vielen kleinen. So entstand eine Oligarchie von Industriefamilien, *Zaibatsu* genannt, die mit ihrer Hausbank im Zentrum unter der schützenden Hand des Staates neue Projekte vorantrieben.

Während der Besatzungszeit nach dem Zweiten Weltkrieg fand eine Restrukturierung statt. Obwohl dadurch der Wettbewerb gefördert wurde, blieb die duale Struktur im Wesentlichen erhalten. An die Stelle der wenigen *Zaibatsu* trat eine etwas größere Zahl von Firmengruppen, die als *Keiretsu* bekannt wurden. Toyota, Nissan, Matsushita, Seiko u. a. kamen hinzu, aber auch sie stützten und stützen sich nach wie vor auf die Praxis, die man heute *outsourcing* nennt: Kleinunternehmen als Zulieferer. Sobald ein Auftrag die Kapazität einer Firma übersteigt, zieht sie kleinere Betriebe hinzu. Umgekehrt suchen kleine Betriebe für die Realisierung neuer Projekte die Unterstützung finanzkräftiger Unternehmen. Und schließlich gibt es noch den dritten Weg: Auf der Grundlage bewährter Zusammenarbeit entwickeln kleine Spezialbetriebe gemeinsam mit großen Unternehmen neue Ansätze und suchen nach Verbesserungen. In einer Tradition solider Ausbildung und hohen Arbeitsethos stehend, setzen die Kleinbetriebe vielfach den Weltstandard auf ihrem Gebiet. Ohne die Unterstützung eines oder mehrerer großer Unternehmen wäre ihnen das jedoch nicht möglich. Es ist diese fruchtbare Zusammenarbeit zwischen einem Großunternehmen und vielen mittelständischen und kleinen Betrieben, die die Dynamik der japanischen Wirtschaft bestimmt.

60. Wie lange arbeiten die Japaner? In den 1980er Jahren, als Japans Industrie stark expandierte und das Wort *karōshi*, «Tod durch Überarbeitung», aufkam, hörte man im Westen häufig Klagen, vorgetragen mit leicht vorwurfsvoller Stimme, dass die Japaner zu viel arbeiteten, als wäre das moralisch anrüchig. Seither stehen sie im Ruf, ein tristes Leben zu führen, in dem es nichts als Arbeit gibt. Richtig ist sicher, dass die japanische Kultur ein hochentwickeltes Arbeitsethos hat entstehen lassen, das Ausdauer ebenso betont wie Genauigkeit und Gewissenhaftigkeit. Die Japaner sind fleißig.

Wie lange gearbeitet wird, hängt von der Wirtschaftslage, dem Entwicklungsniveau und der Kultur ab, ist also eine variable Größe. In Japan betrug die durchschnittliche Arbeitszeit eines Arbeiters 1988 beinah 2200 Stunden im Jahr, während sein deutscher Kollege es nur auf etwas über 1600 Stunden brachte, ein Unterschied von fast 600 Stunden oder 15 40-Stunden-Wochen. Im Laufe der folgenden beiden Jahrzehnte ist die Jahresarbeitszeit in beiden Ländern zurückgegangen: auf 1836 Stunden in Japan und 1372 Stunden in Deutschland, immer noch ein deutlicher Unterschied. Welches Land man als Sonderfall bzw. als Norm betrachten soll, ist Ansichtssache. Die angelsächsischen Länder bspw. unterscheiden sich wenig von Japan. Von Neuseeland über England bis Kanada und die USA sind die Arbeitszeiten deutlich länger als in Deutschland, während Franzosen, Schweden und Niederländer noch weniger arbeiten als die Deutschen.

Im OECD-Vergleich der bezahlten Urlaubstage rangiert Japan mit 18 Tagen relativ weit unten; Deutschland: vier Wochen, die von vielen Firmen auf fünf oder sechs Wochen verlängert werden; Frankreich: fünf Wochen. Eine Besonderheit Japans zeigt sich bei den tatsächlich in Anspruch genommenen Urlaubstagen. Von den 18 Tagen, auf die der Arbeitnehmer ein Anrecht hat, nimmt er im Durchschnitt nur 9. Das ist wenig, selbst wenn man berücksichtigt, dass Japan vergleichsweise viele öffentliche Feiertage hat, 15 im Jahr, BRD 10.

Der Durchschnittswert von 1836 Jahresarbeitsstunden oder 153 Stunden im Monat wirft ein Schlaglicht auf das Arbeitsleben in Japan, aber nicht mehr. Er besagt nichts über die Arbeitsproduktivität, die in manchen Branchen hoch ist, z. B. in der herstellenden Industrie, und in anderen niedrig, z. B. im Dienstleistungssektor. Er besagt auch nichts darüber, wer lange arbeitet. Es sind dies ganz bestimmte Gruppen, insbesondere Männer zwischen 30 und 50; und das gilt heute als problematisch, denn da die Frauenerwerbsbeteiligung insgesamt gestiegen ist, bleibt zwangsläufig weniger Zeit für das Familienleben.

Es wird deshalb von vielen Sozialpolitikern eine weitere Verkürzung der Arbeitszeit empfohlen. Damit wird einerseits angestrebt, Arbeit und Familienleben besser in Einklang zu bringen, was sich, so hofft man, positiv auf die Geburtenrate auswirken könnte. Andererseits kann der Konsum, speziell in der Tourismusbranche, davon profitieren, dass japanische Arbeiter mehr Freizeit haben, was sich zu einem wichtigen Wachstumsfaktor in einer Gesellschaft mit schrumpfender Bevölkerung entwickeln kann. Wie die geringe Inanspruchnahme der gesetzlich garantierten Urlaubstage jedoch zeigt, hängt die Realisierung weniger von der Rechtslage ab als von dem Arbeitsethos, der Gewohnheit, der Kultur und dem sozialen Druck. Wenn niemand in der Firma um 5 nach Hause geht und die volle Zahl der Urlaubstage nimmt, dann ist es schwer, das ohne schlechtes Gewissen zu tun.

61. Wer ist Japans größter Handelspartner? Nach dem Zweiten Weltkrieg blickte Japan hauptsächlich über den Pazifik, denn der Zugang zum großen amerikanischen Markt, der Aufstieg zum Verbündeten des ehemaligen Kriegsgegners und die Gewinne, die die Kriege in Korea und Vietnam der japanischen Industrie bescherten, schlugen viel mehr zu Buche als jedes Engagement in Asien. Hinzu kam das problematische Verhältnis zu den asiatischen Nachbarn, insbesondere China, das Japan mit Krieg überzogen hatte. Aber seit den 1970er Jahren hat Japan seine geographische und kulturelle Verbundenheit mit Asien langsam wiederbelebt.

Begünstigt wurde das durch den «Nixon-Schock» und die Widerstände, auf die die expandierende japanische Wirtschaft im Westen stieß. Nachdem die Regierung in Tokyo der antikommunistischen Politik Washingtons gehorchend die Volksrepublik China jahrzehntelang nicht anerkannt hatte, normalisierte die Regierung Nixon 1972 das Verhältnis zu Beijing, ohne die Japaner vorher auch nur zu informieren. Bald darauf musste Tokyo unter westlichem Druck den Wechselkurs des Yen freigeben, und nachdem auch ein teurerer Yen nicht zur Verringerung der japanischen Handelsüberschüsse führte, begann in den 1980er Jahren in den USA das «Japan bashing», indem die Stärke Japans für die eigene Schwäche verantwortlich gemacht wurde.

Noch 2010, als sich die amerikanische Regierung auf höchster Ebene in die Debatte um technische Mängel bei Toyota einschaltete, waren die damals geschürten Ressentiments spürbar.

Vor diesem Hintergrund überdachten viele japanische Wirtschaftsführer die langjährige Vernachlässigung Asiens. Viele Firmen wurden durch den Arbeitskräftemangel in Japan und das große Lohngefälle gegenüber den asiatischen Nachbarn dazu bewogen, in diesen Ländern Fabriken zu bauen. Dadurch förderten sie den innerasiatischen Handel, in dem seit den Reformen von Deng Xiaoping China immer wichtiger wurde. 2010 hat China Japan als zweitgrößte Volkswirtschaft der Welt ersetzt, und auf Dauer wird China nicht nur die «Fabrikhalle der Welt» sein, sondern auch zum «Kaufhaus der Welt» werden. Bereits 2020 wird Chinas Konsum nach einer Schätzung größer sein als der Japans. Nach Angaben der japanischen Außenhandelsorganisation JETRO überholte China die USA 2007 als Japans größten Handelspartner. Einfuhren und Ausfuhren zusammen erreichten nach einer Steigerung von 12 % gegenüber dem Vorjahr einen Umfang von 236,6 Mrd. US-Dollar. Überall in Japan lernt man momentan fleißig Chinesisch.

62. Wie viele Atomkraftwerke hat Japan? Obwohl Japan das einzige Land ist, das den kriegerischen Einsatz der Atomkraft erlitten hat, verfügt es heute über eine große Atomindustrie. Die Forschung für den Bau von Kernkraftwerken begann 1954. Gleichzeitig wurde ein Gesetz verabschiedet, nach dem die Atomforschung nur friedlichen Zwecken dienen darf. Japan hat sich auch allen internationalen Kontroll- und Sicherheitsinstitutionen angeschlossen. 1966 bekam Japan sein erstes, nach amerikanischer Lizenz gebautes kommerzielles Atomkraftwerk. In Zusammenarbeit mit amerikanischen Firmen wurden weitere Leichtwasserreaktoren gebaut. Die Unternehmen Toshiba, Hitachi und Mitsubishi Heavy Industries entwickelten in der Folge ihre eigenen Technologien und gehören inzwischen zu den führenden Kernkraftwerk-Herstellern, die ihre Produkte weltweit exportieren. Gegenwärtig decken 54 Kernkraftwerke 30 % des Elektrizitätsbedarfs mit einer Kapazität von 46 102 Megawatt (MW), zwei sind im Bau, weitere 12 sind geplant, und noch mehr sollen kommen. Für Japan ist Kernenergie eine strategische Entscheidung, um die Energiesicherheit zu erhöhen und dem Klimawandel entgegenzuwirken. Pro Jahr investiert der Staat 450 Mrd. Yen (4 Mrd. Euro) in Forschung und Entwicklung, nicht eingerechnet die Investitionen von Kraftwerkbetreibern und -herstellern.

Ein großes Thema, das speziell Japan betrifft, ist die Erdbebensicherheit von Reaktoren. Bei dem Erdbeben in Niigata 2007, als Kashiwazaki-Kariwa, das größte Kernkraftwerk der Welt und wichtiger Stromlieferant Tokyos, 4 seiner 7 Reaktoren abschaltete, wurde das Problem akut. Das Erdbeben war stärker als in den Bauplänen vorgesehen. Die Sicherheitsstandards für neue Kernkraftwerke wurden daraufhin verschärft und die Produktion für einige Jahre gedrosselt. Ob die anderen Kraftwerke sicher sind, kann nur der Ernstfall zeigen. Kernkraftgegner betonen immer wieder, dass Atomkraftwerke problematisch sind, da Japan eines der erdbebengefährdetsten Länder der Welt ist.

Die Entsorgung von Atommüll ist für Japan ebenso ein ungelöstes Problem wie für andere Länder. Seine 54 Kernkraftwerke produzieren pro Jahr 900 bis 1000 Tonnen toxischen Abfall. Für die Wiederaufbereitung gibt es eine Anlage in Tokaimura mit einer Kapazität von 210 Tonnen pro Jahr. Eine große Wiederaufbereitungsanlage in Rokkasho ist in der Testphase. Sie soll 800 Tonnen Atommüll pro Jahr wiederaufbereiten können. Ein Teil von Japans Atommüll wird in Frankreich und in England wiederaufbereitet. Die meisten alten Brennstäbe werden neben Kraftwerken zwischengelagert. Die Kapazitäten dieser Lager sind beinahe erschöpft. Auch wenn es möglich wäre, alle abgebrannten Brennelemente wiederaufzubereiten, bleibt hochgiftiger Abfall. Für die Endlagerung dieses Abfalls gibt es bisher keine Lösung.

Das Ministerium für Wirtschaft und Außenhandel (METI) will langfristig 70 % des Energiebedarfs mit Kernenergie decken. Das soll außer durch Neubauten durch die Effizienzsteigerung der vorhandenen Kraftwerke auf 90 % erreicht werden (gegenwärtig 80 %). Weiterhin wird eine bessere Nutzung der erzeugten Energie durch «intelligente Netze» angestrebt. Das Zukunftsszenario mit elektrischen Autos sieht für das Aufladen der Batterien den Gebrauch von Nachtstrom vor, der jetzt wegen niedriger Nachfrage großenteils ungenutzt abfließt. Kernreaktoren sollen in Zukunft nicht nur für Stromerzeugung, sondern auch für Trinkwasserentsalzung und die Erzeugung von Wasserstoff eingesetzt werden.

63. Wird die Industrie vom Staat gelenkt oder der Staat von der Industrie? Jeder Staat macht Industriepolitik, und überall versucht die Industrie Einfluss auf staatliche Institutionen zu nehmen, so auch in Japan. In der Wiederaufbauphase nach dem Zweiten Weltkrieg führte die Symbiose von Staat und Industrie zu beispiellosem Erfolg. Offiziell wird dieser Erfolg dem Ministerium für Internationalen Handel und Industrie (MITI) zugeschrieben. Von unabhängigen Beobachtern wird der spektakuläre Erfolg von Japans Industriepolitik dagegen auf die enge Verflechtung von Wirtschaftsbürokratie, Großindustrie und Politik, insbesondere den Schwergewichten innerhalb der Liberaldemokratischen Partei (LDP) zurückgeführt. Das sogenannte «eiserne Dreieck» aus Elitebeamten, dem Wirtschaftsverband *Keidanren* und der LDP-Führung gab für Japan die Richtung vor. Die Politiker beauftragten die Ministerialbürokratie, die Industrien ihres Wahlkreises mit öffentlichen Aufträgen zu begünstigen, und wurden ihrerseits durch Geldzuwendungen im Wahlkampf unterstützt. Durch direkte Kontakte zu den MITI-Beamten hatte die Industrie außerdem starken Einfluss auf Richtlinien und Gesetzesinhalte; denn die Firmen stellten für die sogenannten *Amakudari*, die «vom Himmel herabgestiegenen» Beamten, die damals mit 50 pensioniert wurden, lukrative Posten zur Verfügung. Wegen dieser Praxis sprach man etwas spöttisch von der *Japan AG*. Obwohl das «eiserne Dreieck» dem Filz und der Verfolgung von Eigeninteressen Vorschub leistete, hat sich die koordinierte Industriepolitik für das Land als Ganzes gelohnt. In Eisen- und Stahlherstellung, Maschinenbau sowie Elektro- und Automobilindustrie war Japan bis Anfang der 1970er Jahre zu einer Großmacht auf dem Weltmarkt aufgestiegen. Im Schiffbau war es führend, und seine Chemieindustrie konnte international mithalten.

Dieser Erfolg hatte jedoch seine Kehrseiten, nämlich die hohe Korruptionsanfälligkeit und die Zerstörung der Umwelt. Bürgerproteste, wachsender Druck aus dem Ausland gegen Protektionismus und die Ölkrisen ließen Japan 1973 das Ruder herumwerfen, aber die *Japan AG* gab nach wie vor die Richtung vor. Die neue Industriepolitik setzte auf Hochtechnologie, Umweltverträglichkeit, Energiediversifizierung und Kooperationen mit ausländischen Partnern. In enger Absprache mit der Industrie wurde der Handel liberalisiert.

Erst im Zuge der Wirtschaftsstagnation seit den 1990er Jahren geriet das «eiserne Dreieck» in die Kritik. Das Wahlsystem wurde geändert. In der Politik bekam die LDP mehr Konkurrenz, MITI wurde zum METI: Ministerium für Wirtschaft, Handel und Industrie. Durch diese Änderungen und die Umorientierung auf Null-Emissionsfahrzeuge, Wasserwirtschaft, Robotik und Umweltindustrie sind Transparenz erhöht und Korruption verringert worden, und es ist mehr Menschlichkeit in Japans Industriepolitik eingekehrt. Die Interessen der Wirtschaft werden freilich nach wie vor mit Staat und Politik strategisch koordiniert. Ein Beispiel dafür sind die Gesetze, mit denen die Regierung Koizumi 2004 den Arbeitsmarkt liberalisierte. Dem Rat für Wirtschafts- und Steuerpolitik, der das Gesetz vorbereitete, gehörten neben dem Minister Vertreter der «Wirtschaftsbürokratie» und zwei Vertreter der Arbeitgeberverbände an. Die Folge davon war, dass Unternehmen nun in beliebigem Umfang Teilzeit- und Leiharbeiter beschäftigen konnten, was sie auch taten. Inzwischen sind mehr als 30 % aller Arbeitnehmer in einem irregulären Beschäftigungsverhältnis ohne Sozialleistungen. Kurzfristig ist den Unternehmen damit im globalen Wettbewerb gedient; aber langfristig unterminiert diese Politik die Grundlagen der Wirtschaft. Der prekären Lage auf dem Arbeitsmarkt sind sich alle bewusst, und man wartet gespannt darauf, ob die *Japan AG* eine Lösung dafür finden wird oder ob das «eiserne Dreieck» für die reife Volkswirtschaft Japans nichts mehr taugt.

64. Was sind *Keiretsu*? *Keiretsu* sind Gruppen von Privatunternehmen, die durch gegenseitige Beteiligung miteinander verbunden sind. Die großen *Keiretsu* entstanden aus den *Zaibatsu* (Kartellen) der Vorkriegszeit, die Industrie- und Finanzkonsortien in Familienbesitz waren. Ihr Ursprung führt in die Meiji-Zeit zurück. Die Meiji-Regierung stützte sich bei Bedarf für die Finanzierung öffentlicher Projekte auf die *Zaibatsu*. Als Gegenleistung erhielten diese Privilegien, z. B. Lizenzen und manchmal auch Monopole, wodurch sie ihr Imperium ausbauen konnten. In den ersten Jahrzehnten des 20. Jahrhunderts bis Kriegsende wurden wichtige Teile der japanischen Wirtschaft von vier großen *Zaibatsu* – Mitsui, Mitsubishi, Sumitomo und Yasuda – beherrscht, die das Militärregime auf breiter Front unterstützten. In der Absicht, der Wirtschaft eine demokratischere Struktur zu geben, löste die amerikanische Besatzungsmacht die *Zaibatsu* nach dem Krieg auf. Die Familien mussten ihren Aktienbesitz abgeben. Auf der Grundlage eines neu geschaffenen Kartellrechts wurden die großen Konglomerate aufgeteilt.

Die umstrukturierten Unternehmen durften ihre Namen behalten wie auch gegenseitige Beteiligungen bis maximal 5 % der Aktien. So entstanden die *Keiretsu* um die Mitsui-Bank, die Mitsubishi-Bank und die Sumitomo-Bank. Beinah wie früher waren sie mit Unternehmen desselben Namens, nämlich Handelshäusern, Werften, Versicherungsunternehmen usw., als Finanziers verbunden. Nach dem Krieg entstanden neue, nach Branchen organisierte *Keiretsu*, speziell in der Auto- und Elektro-Industrie. Firmen wie Toyota, Honda, Hitachi oder Sony sind mit Zuliefer- und Unterstützungsfirmen, mit denen sie eng und manchmal exklusiv zusammenarbeiten, durch zahllose Allianzen verbunden. In vielen Fällen gehen sie mit gegenseitigen Beteiligungen einher. Die Keiretsu-Struktur fördert enge Zusammenarbeit und Loyalität, was wesentlich zu Japans wirtschaftlichem Aufstieg beitrug.

65. Wie viel verdient ein leitender Angestellter und wie viel ein Arbeiter? 2010 waren japanische börsennotierte Unternehmen zum ersten Mal verpflichtet, die Einkommen der Führungskräfte zu veröffentlichen, wenn sie Vergütungen von mehr als 100 Mio. Yen (≈ 900 000 Euro) erhielten. Etwa 280 Manager gehören in Japan zu dieser Kategorie der Meistverdienenden. Auch in Japan gibt es Spitzenverdiener, wenn auch nur eine Handvoll wie z. B. die Chefs von Nissan und Sony, die beide keine Japaner sind. Das Jahreseinkommen ihrer japanischen Kollegen von Toyota, Honda oder Toshiba beträgt mit rund 120 Mio. Yen (≈ 1,1 Mio. Euro) nur etwa ein Siebtel davon. Dabei verdienen diese Spitzenkräfte japanischer Weltmarktführer immerhin noch viel mehr als der durchschnittliche leitende Angestellte in Japan, dessen Jahresvergütung bei 25 Mio. Yen (≈ 240 000 Euro) liegt.

Damit verdient er gut, und zwar 6,7 Mal so viel wie ein normaler Angestellter (3,7 Mio Yen pro Jahr). Der Vergleich mit Deutschland zeigt, dass der höchstbezahlte Chef einer Bank dort 2009 11,8 Mio. Euro verdiente. Er ist eine Ausnahme, ein typischer Topmanager kommt auf 328 000 Euro im Jahr, der somit rund 10,9 Mal so viel verdient wie der Durchschnittsangestellte in seiner Firma. In den USA sind die Einkommensunterschiede viel größer. Nach der Zeitschrift Forbes war der Gründer und jetzige Vorstandsvorsitzende der IT-Firma Oracle 2009 Amerikas höchstbezahlter Angestellter mit einem Jahreseinkommen von 192 Mio. Dollar. Das ist auch für amerikanische Verhältnisse ungewöhnlich. Im Durchschnitt verdienen CEOs amerikanischer Firmen 12,8 Mio. Dollar, rund 300 Mal so viel wie der durchschnittliche amerikanische Angestellte. Auch wenn in

Japan die Einkommensunterschiede weiter auseinandergehen, sie sind weniger groß als in Deutschland, ganz zu schweigen von den USA.

Durchschnittszahlen beleuchten naturgemäß nur einen Aspekt der Einkommensverhältnisse eines Landes. In Japan sind Einkommen sehr stark davon abhängig, ob man festangestellt ist oder nicht. Nach dem Zweiten Weltkrieg führten viele große Firmen die Lebenszeitbeschäftigung ein, wovon sowohl die Industrie als auch die Familien profitierten und was beiden Seiten viel Sicherheit bot. Durch den großen Wachstumsschub, der bis 1989 andauerte, ist Japan zu einer reifen Volkswirtschaft geworden. Wachstum gibt es, wenn überhaupt, nur noch auf niedrigem Niveau. Für Löhne und Einkommensstruktur hat das weitreichende Folgen. Die Deregulierung des Arbeitsmarktes (1999, 2004) ließ die Zahl der Festangestellten stark zurückgehen, während irreguläre Beschäftigungsverhältnisse ebenso stark zugenommen haben. Dazu gehören Zeitarbeiter, Leiharbeiter und Tagelöhner. Sie verdienen im Schnitt auch bei Vollzeitarbeit nur 40 % von dem, was Festangestellte verdienen. Wie viel sie verdienen, ist vom Markt abhängig, wobei es allerdings einen gesetzlichen Mindestlohn gibt, der regional zwischen 618 und 739 Yen (≈ 5,5–6,6 Euro) pro Stunde variiert. Festangestellte verdienen monatlich zwischen 128 000 und 500 000 Yen, zuzüglich jährlich 2 bis 5 Monatsgehälter Bonus. Außer vom Alter hängt der Verdienst noch von der Größe des Unternehmens und dem Industriesektor ab. Der Mitarbeiter eines großen Elektrogeräteherstellers, z. B. Hitachi, verdient fast doppelt so viel wie der eines kleinen Zulieferers, der Teile für Hitachi produziert, aber beide verdienen mehr als alle ihre Kollegen in der Gastronomie.

Bei den Einkommensverteilungen springt in Japan noch ein Faktor ins Auge, nämlich der Unterschied zwischen Frauen und Männern. Schon beim Anfangsgehalt bekommt eine Frau 30 000 Yen weniger als ihr männlicher Kollege, der mit etwa 200 000 Yen im Monat einsteigt. In einer Durchschnittskarriere erreicht ihr Endeinkommen nur die Hälfte desjenigen ihrer männlichen Altersgenossen (mit 450 000 Yen). Die Gesetzgebung sieht Gleichstellung vor, die Praxis ist anders. Die Einkommensunterschiede sind einerseits darauf zurückzuführen, dass es für Frauen äußerst schwierig ist aufzusteigen, für Mütter fast unmöglich. Andererseits sind die Arbeitsplatzbeschreibungen für Frauen oft anders als für Männer, wodurch es möglich ist, sie anders einzustufen, ohne die Gleichstellungsbestimmungen zu verletzen.

66. Was beinhaltet die Managementphilosophie von Toyota? Mit einer Jahresproduktion von 9,49 Mio. Fahrzeugen wurde Toyota 2007 größter Autohersteller der Welt. Nach 70-jähriger Vorherrschaft des amerikanischen Giganten General Motors stießen die Japaner auf Platz 1 vor. Ein Jahr später, als eine Wirtschaftskrise den Autoverkauf in den Industrieländern einbrechen ließ, blieb Toyota die Nummer 1, wenn auch mit niedrigeren Verkaufszahlen. Wieder ein Jahr später, 2009, wurde Toyota außer von der Krise auch von internen Problemen heimgesucht. Ein Qualitätsproblem führte vor allem in den USA zu Rückrufaktionen von Millionen Fahrzeugen. Dadurch ging nicht nur die Jahresproduktion um gute 2 Mio. Stück zurück; schlimmer noch war, dass Toyotas weltweit gerühmter Managementstil in Verruf geriet. Sollte der Erfinder von *Lean Production*, *Just-in-Time*, *Kanban*, *Genchi Genbutsu* und der *Kaizen*-Philosophie seinen eigenen Prinzipien nicht mehr treu sein?

Als Kiichiro Toyoda, Sohn des Toyota-Gründers, nach dem Zweiten Weltkrieg in den USA die Ford-Fabriken besuchte, um zu lernen, wie er das junge, aber notleidende Toyota-Unternehmen wiederbeleben konnte, beeindruckte ihn vor allem die Fließbandproduktion. Er beauftragte seinen Ingenieur Taiichi Ohno, Toyota genauso effizient zu machen wie Ford. Ohno diagnostizierte im eigenen Haus viel Verschwendung und Ineffizienz: fehlerhafte Teile, Überproduktion, Verzögerungen und unnötige Transportbewegungen. Die Betriebsleitung entschied daraufhin, Toyota völlig neu zu organisieren. Die serielle Massenproduktion wurde von Ford übernommen, während gleichzeitig unter Beibehaltung der in der eigenen Werkstatt erreichten Qualität und Qualitätskontrolle jegliche Art von Verschwendung eliminiert werden sollte. Damit wurde die Grundlage des Toyota-Produktionssystems (TPS) gelegt, das eine Betriebsphilosophie sowie Personalmanagement und Prozessführung beinhaltet.

Produktionsleiter Ohno führte bei Toyota die Massenproduktion ein, aber im armen Japan der 1950er Jahre war es schwierig und teuer, an Rohstoffe zu kommen. Das war ein wichtiger Grund, weswegen Ohno die kleine Lagerhaltung von Autoteilen einführte. Es sollte vermieden werden, dass durch verkehrten Einkauf bzw. die Zulieferung unbrauchbarer Teile Ausschuss entstand. Für die Lagerhaltung führte er für jedes Einzelteil das *Kanban*-System ein, ein Kartensystem, das den Stückverbrauch registriert, so dass Teile immer rechtzeitig nachbestellt werden können, ohne dass die Produktion ins Stocken kommt. *Kanban* ist der Vorläufer des Barcodes bzw. der heutigen e-Tags und weltweit in logistischen Prozessen übernommen worden. Die Perfektionierung des *Kanban*-Systems führte zu dem als *Just-in-Time* berühmt gewordenen Zulieferungssystem, das Fabriken und Händlern viel Platz spart. Um der Überproduktion einzelner Modelle und der dadurch erforderlichen aufwendigen Lagerung vorzubeugen, setzte Toyota auf Massenproduktion, aber grundsätzlich auf Grund eines *Pull*-Systems. Ein Auto wird erst produziert, wenn eine Bestellung dafür vorliegt. Zusammen mit ergonomischen Arbeitsplätzen, kurzen Transport- und Gehwegen bilden *Kanban* und *Pull*-System die Bausteine des von Toyota erfundenen schlanken Produktionsverfahrens, *Lean Production*.

Aber bei TPS und dem, was Toyota selbst seit 2001 den «Toyota Way» nennt, geht es um mehr, nämlich um die Kultur der kontinuierlichen Verbesserung (*Kaizen*) und um eine langfristig angelegte Betriebsstrategie. Dabei stehen die Mitarbeiter im Mittelpunkt. Für die Serienherstellung bei Ford wurden Fließbandarbeiter eingesetzt, denen einzelne Aufgaben zugewiesen wurden. Toyota brachte die Werkstatt zum Fließband. Die Mitarbeiter werden in Gruppen organisiert, um gemeinsam den besten Weg zur Ausführung der ihnen zugewiesenen Arbeitsschritte zu finden. Dadurch wird das Team für den ganzen Herstellungsprozess verantwortlich, inklusive Qualitätskontrolle. Ein Toyota-Mitarbeiter ist umfassend geschult und auch vielseitig einsetzbar. Er denkt mit, um das Produkt und das Produktionsverfahren zu verbessern. Er kann an seinem Arbeitsplatz das Fließband mit einer Art Notbremse jederzeit anhalten, um auf ein Problem einzugehen. In den technischen Gesprächsrunden, mit denen jede Schicht beginnt, kann er Verbesserungsvorschläge machen. Diejenigen, die angenommen und durchgeführt werden, werden belohnt. An solchen Gesprächsrunden beteiligt sich auch das höhere Management, weil man nur in der Werkshalle einschätzen kann, was sich bewährt (*Genchi Genbutsu*). Diese Vorgehensweise und vor allem diese Denkweise, zu der die ganze Belegschaft erzogen wird, führt zu ständigen Verbesserungen (*Kaizen*). Um das zu erreichen, investiert das Unternehmen viel in Aus- und Weiterbildung. Die Rundumversorgung des Personals mit lebenslanger Anstellung, sozialer Infrastruktur, Versicherungen, und teilweise Firmenwohnungen dient der Förderung der Motivation. Respekt für jeden einzelnen Mitarbeiter ist nach Darstellung der Firma neben *Kaizen* die zweite tragende Säule des Managementstils von Toyota.

67. Wie autark ist Japan? Japan ist ein kleines Land ohne Rohstoffe. Mit dieser Halbwahrheit erklären die Japaner oft ihre Handels- und Energiepolitik. Auch Wissenschaftler behaupten manchmal, dass Japan wegen seiner geringen Rohstoffvorkommen zu einem exportorientierten Industrieland geworden sei. Ähnlich wie Deutschland habe es sich dabei auf Fleiß, Sparsamkeit und Vernunft als wichtigste Ressourcen gestützt. Anfang des 20. Jahrhunderts verfolgte Japan nach westlichem Vorbild noch eine andere Politik: Expansion und Kolonialismus. Die katastrophalen Folgen sind noch immer nicht vergessen.

Nach dem Zweiten Weltkrieg musste Japan seine Wirtschaft völlig neu aufbauen und tat das mit großem Erfolg. Wie in anderen Industrieländern ist der Energieaufwand für Produktion, Transport, Ausstattung und Belüftung von Fabriken und Büros und die Durchdringung des Alltags mit elektronischen Geräten dabei ständig gewachsen. Energie wird hauptsächlich aus fossilen Brennstoffen (Steinkohle, Öl, Gas) gewonnen, an denen es in Japan mangelt. 2002 schloss das letzte Kohlebergwerk in Kushiro, Hokkaido. Erdöl wird nur in kleinen Mengen gefördert. Japan ist deshalb in hohem Maße von Importen abhängig. Auch für andere Energiequellen, wie Atom- und Solarkraftwerke, muss Japan die erforderlichen Rohstoffe Uran, Silizium, Kobalt, Grafit und andere Metalle der Seltenen Erden, die in Solarzellen, Magneten und anderen Hochtechnologie-Geräten eingesetzt werden, auf dem Weltmarkt einkaufen. Japan importiert jährlich für 230 Mrd. US-Dollar Brennstoffe, was rund einem Viertel aller seiner Einfuhren entspricht, mit gewissen Schwankungen je nach Dollarkurs und Ölpreis.

Japan ist auch für die Ernährung seiner Bürger größtenteils vom Import abhängig. Das ist eine Folge der radikalen Umstrukturierung der Wirtschaft im Zuge des Wiederaufbaus nach dem Zweiten Weltkrieg. Noch 1955 hatten Landwirtschaft (inklusive Fischerei und Forstwirtschaft), Industrie und Dienstleistungen ungefähr gleiche Anteile am Wirtschaftsaufkommen; heute macht die Landwirtschaft nur noch 1,6 % aus. Landflucht, ein Wandel des Geschmacks mit zunehmendem Fleischkonsum (von weniger als 1 kg auf 30 kg pro Person pro Jahr) und ausländischer Küche und die Globalisierung des Handels sind dafür verantwortlich. Nur Reis und Salz werden durch hohe Subventionen vor Importen geschützt. Alle anderen Lebensmittel, allen voran Mais und Sojabohnen für Tierfutter sowie Weizen und Gemüse für den direkten menschlichen Verbrauch, werden größtenteils eingeführt. Der Selbstversorgungsgrad bei Lebensmitteln (berechnet auf der Basis von 2000 kcal pro Person pro Tag) war 2009 mit 41 % auf dem historischen Tiefstand. Japan importiert jedes Jahr für etwa 50 Mrd. US-Dollar landwirtschaftliche Produkte.

Für die Grundversorgung der Menschen von Einfuhren abhängig zu sein, ist der Politik ein Dorn im Auge. Die Regierung versucht deshalb, die Landwirtschaft mit Kampagnen wieder attraktiv zu machen, um den Selbstversorgungsgrad bis 2020 auf 50 % anzuheben. Gleichzeitig erhofft sie, dadurch die Entvölkerung in überalterten ländlichen Regionen aufzuhalten und diese Randgebiete wiederzubeleben. Für die Energieversorgung wird bis Ende des Jahrhunderts ein Selbstversorgungsgrad von 70 % angestrebt. Dabei setzt Japan massiv auf Kernenergie aus Kraftwerken, die mit wiederaufbereitetem Brennstoff gespeist werden. Dieses Material sollen u. a. die geplanten Schnellen Brüter produzieren. Die Durchführbarkeit dieses Plans ist technisch und politisch eine offene Frage.

68. Ist Japan noch der Vorreiter der wirtschaftlichen Entwicklung Asiens? Nach dem Modell der Fluggänse des Wirtschaftswissenschaftlers Kaname Akamatsu war Japan die Leitgans, der andere asiatische Länder folgten. Japan wies den Weg, denn es war lange Zeit das einzige Land in Asien, das sich wirtschaftlich und technologisch mit dem Westen messen konnte. Das galt in der ersten Hälfte des 20. Jahrhunderts und wieder Ende der 1960er Jahre, nicht lange nachdem Frankreichs Präsident de Gaulle den japanischen Ministerpräsidenten Ikeda herablassend als Transistorverkäufer bezeichnet hatte.

In dem Maße, wie Japans Wirtschaft wuchs, ließ es arbeitsintensive Leichtindustrien wie Textil und Spielzeug, zum Teil von eigenen Investitionen unterstützt, in die zweite Riege der Fluggänse abwandern, wo Löhne niedriger waren. Die «vier kleinen Tiger», Südkorea, Taiwan, Singapur und Hongkong, folgten dem japanischen Vorbild. Ihre autokratischen Regierungen gaben Ende der 1970er Jahre die Devise aus, dass «Wirtschaft vor Politik» gehe, wie es Südkoreas Präsident Park Chung-hee formulierte. Sie schufen die aus Japan bekannten günstigen Rahmenbedingungen für eine exportgetriebene Entwicklung, und die Menschen arbeiteten hart. Es hat sich für alle gelohnt. Innerhalb von eineinhalb Jahrzehnten entstand eine konsumkräftige Mittelschicht, deren Reichtum und Bildung ständig zunahmen und mit deren Ersparnissen die Investitionen neuer Innovationszyklen finanziert wurden. Sie trieben Handel mit dem reichen Westen, mit dem reichen Japan und allmählich auch mehr mit ihren asiatischen Nachbarn.

Den Tiger-Staaten auf dem Fuße folgte die nächste Gruppe von Billiglohnländern: Malaysia, Thailand, Indonesien und die Philippinen. Hier war Japan durch Entwicklungshilfe und Direktinvestitionen noch intensiver beteiligt. Auch diese Länder folgten den Erfolgsrezepten Japans: Mit einer arbeitsintensiven Leichtindustrie wurde Kapital akkumuliert, das in die Herstellung hochwertigerer Produkte investiert wurde, um den Export auszubauen. In dem Fluggänse-Modell kamen China und Vietnam ganz am Schluss. Den tatsächlichen Verhältnissen in Ostasien wird das Modell in vieler Hinsicht gerecht, nur hat sich die Geschwindigkeit der Entwicklungszyklen beständig erhöht. Im Moment erlebt die Welt die atemberaubende Entwicklung Chinas und Indiens, die wiederum die Entwicklungsstadien durchlaufen, die Japan vorexerziert hat. Mit billigen Arbeitskräften wird eine exportorientierte Leichtindustrie aufgebaut, mit der Devisen für die Weiterentwicklung der Industrie verdient werden. Durch steigende Löhne entsteht eine kaufkräftige Mittelschicht, die die Entwicklung durch Konsum weiter vorantreibt.

Die aufeinanderfolgenden Entwicklungsschübe in Asien haben die Kräfteverhältnisse in der Welt verändert. Nach Wirtschaftskraft stehen Japan, Südkorea, Taiwan, Singapur und Hongkong heute mit dem Westen auf einer Stufe. Die hinteren Gänse, allen voran China, holen schnell auf. Noch sind die Löhne niedrig, aber wo die Reise hingeht, haben Japan und seine Nachfolger gezeigt. Ob China mit einer zehnmal so großen Bevölkerung Japans Erfolg wiederholen kann, muss sich noch zeigen. Einstweilen wächst die Wirtschaft in der Region wie sonst nirgendwo auf der Welt. Investitionen in die mangelhafte Infrastruktur, die Modernisierung von Fabriken und der Bau besserer Wohnungen treiben die Entwicklung voran. Und mit dem wachsenden Wohlstand dieser Länder wächst auch der Konsum. Die Nachfrage in China und anderen ostasiatischen Ländern ist enorm und wird zu einem großen Teil über Importe befriedigt. Das Krisenjahr 2009 hat gezeigt, dass der Westen nicht mehr der Motor der Weltwirtschaft ist und auch nicht Japan. Für den Absatz ihrer

Produkte und somit für ihr Wachstum sind die reichen Länder zunehmend von den Schwellenländern abhängig geworden. Japan fliegt weiter mit, aber die Leitgans ist alt geworden. Eine Pionierrolle spielt Japan heute nur insofern, als es die erste reife Volkswirtschaft ist, die sich auf Bevölkerungsrückgang einstellen muss. Auch hier werden die anderen folgen.

69. Welche Rolle spielt der Yen? Gemessen am Bruttoinlandsprodukt, war Japan von 1968 bis 2009 die zweitgrößte Volkswirtschaft der Welt. Damals spielte der Yen auf der internationalen Bühne und als Währungsreserve bei Zentralbanken keine Rolle. In den 1980er Jahren änderte sich das, als ausländische Zentralbanken begannen, Yen-Reserven zu halten. Nach dem US-Dollar und der D-Mark wurde der Yen die wichtigste Währung. Mengenmäßig blieb der Yen ebenso wie die D-Mark als Reservewährung weit hinter dem Dollar zurück. In den 1990er Jahren hatten die internationalen Banken etwa 66 % ihrer Reserven in Dollar, 12–14 % in D-Mark und 6–7 % in Yen.

Nach der asiatischen Finanzkrise 1997 geriet die beherrschende Stellung des Dollar in die Kritik, und es wurde verschiedentlich dafür plädiert, andere Währungen vermehrt für den Handel einzusetzen, insbesondere für den rasch anwachsenden Handel innerhalb Asiens. Japan vertrat diese Position, stieß jedoch auf den Widerstand der Amerikaner. 2000 trafen sich die südostasiatischen Länder mit China, Japan und Südkorea («ASEAN plus 3») im thailändischen Chiang Mai, um die Möglichkeit eines gemeinsamen Reservefonds zu erörtern. Der Zweck eines solchen Fonds ist ein doppelter: Die Einzahler sollen sich erstens in finanziellen Notlagen ohne Verzug unterstützen und sich zweitens besser vor Spekulationen gegen ihre Währungen schützen können. Die Chiang Mai-Initiative führte zunächst zu einer Reihe bilateraler Abkommen. 2010 schufen die Länder einen Reservefonds im Wert von 120 Mrd. US-Dollar. Japan und China (inkl. Hongkong) waren mit je 38,4 Mrd. Dollar die größten Einzahler. Für Japan ist das Gelingen der Chiang Mai-Initiative ein Triumph, umso mehr, weil Australien, Neuseeland und Indien sich auch für eine engere Devisenzusammenarbeit in diesem Kreis interessieren. Als asiatische Leitwährung wird der Yen dennoch vorerst nicht fungieren.

Aber auch wenn der Yen als Währung international nur eine geringe Rolle spielt, ist die japanische Geldpolitik von globaler

Bedeutung. Die langjährige Null-Zins-Politik der japanischen Zentralbank gilt als eine der Ursachen der weltweiten Finanzkrise von 2007–2010. Spekulanten liehen sich in Japan billiges Geld, um es andernorts gegen hohe Zinsen zu verleihen (*carry trade*). 2007 – als die Krise ausbrach – sollen Yen-Carry-Geschäfte im Wert von 1 Billion US-Dollar ausgestanden haben. Als die daran stark beteiligten isländischen Banken zahlungsunfähig wurden, wurden viele andere Banken davon in Mitleidenschaft gezogen. Seit Anfang der Krise leidet Japans Export unter dem teuren Yen, weil die *Carry-trader* ihre geliehenen Yen zurückzahlen müssen.

Politik

70. Wer regiert Japan, und wer macht Politik? Seit Ende der Besatzung nach dem Zweiten Weltkrieg und der Wiedererlangung seiner Souveränität 1952 ist der Parlamentarismus in Japan fest verankert. Die Gewaltenteilung zwischen Legislative, Exekutive und Judikative ist institutionalisiert und unangefochten. Die Legislative ist ein Zwei-Kammern-Parlament, bestehend aus dem größeren und mächtigeren Unterhaus und dem Oberhaus. Die Exekutive mit dem Ministerpräsidenten an der Spitze ist dem Parlament verantwortlich. Das Unterhaus wählt den Ministerpräsidenten, der seinerseits die Minister des Kabinetts bestimmt. Ernannt werden er und seine Minister vom Kaiser, der Staatsoberhaupt nur im symbolischen Sinne ist und keine Macht hat. Der Ministerpräsident und die Mehrheit der Minister des Kabinetts müssen dem Parlament angehören und Zivilisten sein. Der Ministerpräsident stützt sich auf das Vertrauen des Unterhauses. Wird es ihm durch ein Misstrauensvotum entzogen, stürzt die Regierung. Die Judikative ist unabhängig. Sie besteht aus einer Hierarchie von Gerichten mit dem Obersten Gerichtshof an der Spitze. Seinen 14 Richtern, die auf Weisung des Parlaments vom Kaiser ernannt werden, obliegt es, die Verfassungskonformität von Gesetzen und Verordnungen zu prüfen.

Diese gesetzlichen Vorgaben des politischen Systems sind eindeutig und allgemein akzeptiert. Aus ihnen geht hervor, dass die Macht im japanischen Staat vom Ministerpräsidenten und seinem Kabinett im Auftrage des Volkes, vertreten durch das Parlament, ausgeübt wird. Dennoch wird seit Jahrzehnten die Frage diskutiert: «Wer regiert Japan?» Denn die Realität sieht anders aus als die in der Verfassung niedergelegten Normen. Neben den gewählten Amtsträgern gibt es andere Kräfte, die wesentlichen Einfluss auf die Politik haben.

Seit ihrer Gründung 1955 war das zunächst einmal die Liberaldemokratische Partei (LDP), die Japan von dem kurzen Zwischenspiel einer Achtparteien-Koalitionsregierung 1993/94 abgesehen ein halbes Jahrhundert lang ohne echte Konkurrenz regierte. Als politische Partei war die LDP höchst erfolgreich, verfügte aber keineswegs allein über die Macht im Staat. Ein weiteres Zentrum der Macht lag und liegt bei der Ministerialbürokratie. Bestehend aus gut geschulten, kompetenten Beamten, verfügt sie oft über genauere Kenntnisse der Ressorts als die gewählten Politiker. Dieser Informationsvorsprung fällt durch die für die japanische Politik typischen häufigen Kabinettsumbildungen noch mehr ins Gewicht.

Viel Einfluss hat auch die Wirtschaft. In der Hochwachstumsphase zwischen den 1960er und 1980er Jahren entstand das sogenannte «eiserne Dreieck» zwischen Wirtschaft, Ministerialbürokratie und LDP. Das damit gekennzeichnete informelle Beziehungsgeflecht drehte sich um LDP-Politiker, die Beamten dazu bewegten, Aufträge der öffentlichen Hand an Firmen zu vergeben, die ihrerseits die LDP unterstützten und außerdem pensionierten Beamten lukrative Stellen boten, genannt *Amakudari*, «die vom Himmel Herabgestiegenen». Dem Entwicklungsstaat, der unter der Voraussetzung hoher Wachstumsraten funktionierte, war durch diese Konstellation gedient.

Daneben gab es freilich immer eine weitere, undurchsichtige und in der Verfassung nicht vorgesehene Schaltstelle: die graue Eminenz, genannt *Kuromaku*, «schwarzer Vorhang». Damit sind mächtige Männer in der Regierungspartei gemeint, die selber kein Regierungsamt bekleiden, aber dank ihrer Beziehungen zu Interessenverbänden, Wirtschaft, Partei und Bürokratie über die Vergabe von Ministerposten, selbst den des Ministerpräsidenten, entscheiden. Shin Kanemaru spielte diese Rolle in den 1980er Jahren, Ex-Premier Noboru Takeshita in den 1990er Jahren.

Die Demokratische Partei Japans (DPJ), die 1996 durch den Zusammenschluss mehrerer kleiner Parteien gegründet wurde, entwickelte sich nicht zuletzt deshalb zu einem ernsthaften Konkurrenten der LDP, weil sie diese Praktiken einzudämmen versprach. Die Unterhauswahlen 2009 konnte sie für sich entscheiden und die LDP ablösen. Gegen die Korruptionsanfälligkeit der *Amakudari* und die unkontrollierbare Macht der *Kuromaku* vorzugehen und die Beamtenschaft besser im Zaum zu halten waren Vorsätze, die beim Wähler gut ankamen. Ob die Übernahme der Regierung durch die DPJ die politische Kultur aber tatsächlich verändern und zu einer durchsichtigeren Kontrolle der Macht führen wird, muss sich zeigen. Selbstverständlich ist das nicht, blieb doch ihr erster Ministerpräsident, Yukio Hatoyama, nicht länger als acht Monate im Amt. Und der Politiker, der die DPJ groß gemacht hat, ist der ehemalige Generalsekretär der LDP, Ichiro Ozawa, ein geschickter Taktiker, der das Geschäft der Hinterzimmerpolitik von der Pieke auf gelernt hat. Eine günstige Voraussetzung dafür, dass die Macht in Japan künftig in stärkerem Maße von gewählten Politikern kontrolliert wird, ist jedoch darin zu sehen, dass die DPJ zu einer echten Alternative der LDP im Parteienwettbewerb geworden ist und dem Wähler die Möglichkeit bietet, sich an der Wahlurne für mehr Transparenz auszusprechen.

71. Wie funktioniert das Wahlsystem? Bei den Parlamentswahlen 2009 gewann Shinjiro Koizumi den Sitz seines Vaters, des ehemaligen Ministerpräsidenten Junichiro Koizumi (LDP), und wurde damit zum vierten Abgeordneten dieses Namens in Folge. Da das kein Einzelfall ist, kann leicht der Eindruck entstehen, dass Abgeordnetenmandate in Japan vererbt werden. Diese Praxis ist zwar ein Teil der politischen Kultur, nicht aber des politischen Systems Japans.

Die Nationalversammlung (*Kokkai*) besteht aus zwei Kammern, dem mächtigeren Unterhaus (*Shugiin*) mit 480 Abgeordneten und dem Oberhaus (*Sangiin*) mit 242 Mitgliedern. Die normale Wahlperiode der in zwei Schichten alle drei Jahre gewählten Oberhausabgeordneten ist sechs Jahre. Da der Ministerpräsident befugt ist, das Unterhaus aufzulösen und Wahlen auszurufen, wird die vierjährige Wahlperiode dieser Kammer oft unterschritten. Die Mandate beider Kammern des Parlaments werden nach einer Kombination aus Mehrheits- und Verhältniswahl vergeben. 300 Sitze des Unterhauses werden mit den Gewinnern der Wahlkreise nach relativer Mehrheit besetzt. Die übrigen 180 Sitze werden in elf Verhältniswahlkreisen vergeben, in denen die Wahlberechtigten ihre Zweitstimme für eine Parteiliste abgeben. Ins Oberhaus werden 146 Abgeordnete in Mehrmandatswahlkreisen mit 3 bis 5 Mandaten und 96 nach Verhältniswahlrecht gewählt. Aktives Wahlrecht haben japanische Bürger ab 20, passives für das Unterhaus sowie Präfektur- und Stadtparlamente ab 25. Das Mindestalter, um ins Oberhaus oder als Präfekturgouverneur gewählt zu werden, ist 30.

Die Liberaldemokratische Partei hat über vier Jahrzehnte die Politik Japans beherrscht. Das gelang ihr nicht zuletzt, weil ihre Wahlerfolge vom Wahlrecht und vom Zuschnitt der Wahlkreise begünstigt wurden. Die Zahl der Stimmberechtigten in städtischen Wahlkreisen überstieg die ländlicher, traditionell LDP-treuer Wahlkreise in vielen Fällen um das Dreifache. Hinzu kam, dass das Wahlsystem bis zu der gegen die LDP durchgesetzten Reform von 1993 keinen Verhältniswahlanteil enthielt.

Die stark personalisierte politische Kultur Japans wirkte sich vorteilhaft für die LDP aus. Zum Ausdruck kommt sie vor allem in der erwähnten «Vererbung» von Parlamentssitzen. Zeitweise hatten rund 50 % der LDP-Abgeordneten ihren Sitz in zweiter, dritter oder vierter Generation inne. Die LDP hatte mehr Erbabgeordnete als alle anderen Parteien. Außer dem Sozialisten Tomiichi Murayama (im Amt von Juni 1994 bis Januar 1996) und dem Demokraten Naoto Kan (seit Juni 2010 im Amt) gehörten alle 11 Ministerpräsidenten von 1993 bis 2010 politischen Dynastien an. Die Einführung des partiellen Verhältniswahlrechts und die dadurch begünstigte Entstehung eines Zwei-Parteien-Systems haben zwar die Parteien gestärkt, aber das quasi-institutionalisierte System der Erbmandate bisher nicht abgeschafft. Die Demokratische Partei Japans gelobte in ihrem erfolgreichen Unterhauswahlkampf 2009, Wahlkreise nicht wie Erbhöfe zu behandeln. Zu ihrem ersten Ministerpräsidenten erkor sie jedoch Yukio Hatoyama, Enkel von Ministerpräsident Ichiro Hatoyama und als solcher Spross einer blaublütigen politischen Dynastie. Es ist jedoch zu erwarten, dass die Zahl der Erbmandate mit häufiger wechselnden Mehrheiten im Parlament auf die Dauer sinkt.

72. Was für Parteien gibt es in Japan? Die großen politischen Parteien sind gegenwärtig die Demokratische Partei Japans, DPJ (*Minshutō*) und die Liberaldemokratische Partei, LDP (*Jiyūmintō*). Deutlich kleiner, aber sichtbar und schon lange im politischen Geschehen aktiv sind die buddhistische Neue Partei für Saubere Regierung (*Shin Komeitō*), die Kommunistische Partei, KPJ (*Nihon Kyōsantō*), und die Sozialdemokratische Partei, SDP (*Shakai Minshutō*).

Die japanische Parteienlandschaft wurde lange als «Eineinhalb-Parteiensystem» beschrieben. Die «eine» war die 1955 durch den Zusammenschluss zweier konservativer Parteien, der Liberalen Partei (*Jiyutō*) und der Demokratischen Partei Japans (*Nihon Minshutō*), entstandene LDP. Die «halbe» war die, ebenfalls 1955, durch die Vereinigung der Rechten Sozialistischen Partei und der Linken Sozialistischen Partei entstandene Sozialistische Partei Japans, JSP (*Nihon Shakaitō*). Nur «halb» wurde sie gezählt, weil sie bis zu ihrer Umbenennung 1996 nie groß genug wurde, um als Konkurrentin der LDP um die Regierungsmacht gelten zu können. Die JSP war die ewige Oppositionspartei, die vom beharrlichen Widerstand gegen die LDP lebte, die Staat und Politik von 1955 bis Ende des Jahrhunderts beherrschte. Einmal nur gelang es der JSP, den Ministerpräsidenten zu stellen, und das war ihr Untergang. Von Juni 1994 bis Januar 1996 führte der Sozialist Tomiichi Murayama eine tatsächlich von der LDP dominierte Koalitionsregierung. JSP-Wähler betrachteten das als Sündenfall und bereiteten der Partei bei der Unterhauswahl 1996 eine empfindliche Niederlage, was zu ihrer Auflösung führte. Die eher zur politischen Mitte neigenden Mitglieder schlossen sich der neu gegründeten Demokratischen Partei Japans, DPJ (*Minshutō*), an, während die verbliebenen linken Kräfte die Sozialdemokratische Partei, SDP (*Shakai Minshutō*), gründeten.

Die Parteien, durch deren Fusionierung die beiden größten Parteien der Nachkriegszeit entstanden, lebten innerhalb derselben in Form von Parteiflügeln fort. Durch die Erfolge der DPJ bei den Wahlen 2007 (Oberhaus) und 2009 (Unterhaus) zeichnet sich die Herausbildung eines Systems mit zwei großen Parteien, LDP und DPJ, und mehreren kleinen Parteien, *Shin Komeitō,* SDP und KPJ, ab.

Im vergangenen Jahrzehnt ist das Parteiensystem Japans in Bewegung geraten. Die LDP ist den großen Herausforderungen der Zeit – starke Konkurrenz für japanische Produkte auf den internationalen Märkten, Alterung und Bevölkerungsschrumpfung – nicht mehr gewachsen und durch Korruptionsskandale und Abspaltungen zermürbt, während die DPJ noch beweisen muss, dass sie es besser machen kann. Dabei sind die ideologischen Differenzen zwischen LDP und DPJ gering. Das ist die Stärke dieser Volksparteien, macht sie aber gleichzeitig erosionsanfällig, was sich gegenwärtig bei der LDP zeigt, deren diverse Gruppierungen nur durch die Teilhabe an der Macht zusammengehalten wurden. In dieser Zeit des Umbruchs entstehen neue Parteien wie die nationalistisch-buddhistische Partei zur Verwirklichung des Glücks (*Kōfuku Jitsugentō*), von denen jedoch nicht erwartet wird, dass sie die großen Parteien fühlbar schwächen werden.

73. Warum besuchen japanische Politiker den Yasukuni-Schrein?

«Frieden im Reich», das bedeutet *Yasukuni*, der Name des Schreins, der für viel Unfrieden sorgt. Auf dem Hügel Kudan mitten in Tokyo gelegen, ist er zur Zeit der Kirschblüte ein Anziehungspunkt für viele, und bei den jahreszeitlichen Festen herrscht immer reger Betrieb, so wie bei anderen Schreinen auch.

Nur ist Yasukuni kein gewöhnlicher Schrein, denn er ist den japanischen Kriegstoten geweiht. Nicht nur Gefallene sind das, denn die Register des Schreins beinhalten nicht nur die Namen derer, die in den Kriegen des neuzeitlichen Japans ums Leben kamen, sondern auch die ihrer Führer im Zweiten Weltkrieg. 14 von ihnen wurden im Tokyoter Tribunal zum Tode verurteilt und 1948 hingerichtet. Sie gelten in Japans Nachbarländern als Kriegsverbrecher. In den Schrein wurden sie erst 1978 aufgenommen, was insbesondere in China und Korea große Empörung auslöste. Seither ist Yasukuni immer wieder zum Störfaktor in Japans Beziehungen zu seinen unmittelbaren Nachbarn geworden.

Den Grund dafür liefern hochrangige Politiker, die dem Schrein offizielle Besuche abstatten. So trug sich Yasuhiro Nakasone 1985 am 15. August, dem Tag der japanischen Kapitulation 1945, als Premierminister ins Gästebuch von Yasukuni ein, was zu starken Protesten asiatischer Länder führte. Die Liberaldemokratische Partei versuchte vergeblich, den Schrein dazu zu bewegen, die Kriegsverbrecher aus seinem Register zu streichen. Nakasone sah deshalb bis Ende seiner Amtszeit von weiteren Besuchen ab. Aber andere Politiker waren weniger diplomatisch oder bereit, auf die Empfindlichkeiten der Nachbarn Rücksicht zu nehmen. So pilgerte Premierminister Koizumi während seiner Amtszeit (2001–2006) jedes Jahr zum Yasukuni-Schrein, wodurch sich das Verhältnis zu Peking nach Einschätzung der Chinesen auf den Tiefststand seit Aufnahme diplomatischer Beziehungen verschlechterte.

Die Chinesen nehmen an den offiziellen Besuchen nicht nur wegen der Kriegsverbrecher Anstoß. Sie verweisen auch darauf, dass Yasukuni vor und während des Krieges ein Hort des Ultranationalismus und Militarismus war und dass deshalb alle japanischen Reuebekundungen hohl klingen, wenn sie aus dem Mund von Repräsentanten kommen, die dann bei nächster Gelegenheit zum Yasukuni-Schrein gehen, wo vor der Haupthalle auch heute noch Marschmusik ertönt und Priester allen, die es hören wollen, erklären, wer wann wo «für unser Land» gestorben ist. Am 15. August ziehen regelmäßig kleine Fähnchen von Revanchisten in ihren alten Uniformen auf, und auch im Übrigen ist der Schrein alles andere als ein Ort der Einkehr. Auf seinem Gelände beherbergt er ein Kriegsmuseum (*Yūshūkan*), das weniger dazu dient, die Schrecken des Krieges zu dokumentieren, als japanische Heldentaten zu glorifizieren.

Viele Bürger, unter ihnen auch Politiker, besuchen den Schrein lediglich, um derer zu gedenken, die ihr Leben im Krieg verloren. Wenn es Repräsentanten des japanischen Staates tun, erhalten solche Besuche aber unweigerlich politischen Charakter. Ein trotziges Auftrumpfen im Sinne von «ich lasse mir von den Chinesen nicht vorschreiben, was ich zu tun oder zu lassen habe» war im Falle Koizumis sehr deutlich. Nationalistische Gefühle waren früher mit Yasukuni verbunden, und sie sind es auch heute. Innenpolitische bzw. wahltaktische Motive kommen hinzu. Die Hinterbliebenenverbände stehen in engster Beziehung mit dem Schrein (so sehr, dass sie auf dem Gelände ein Büro haben), und sie repräsentieren eine große Wählergruppe. Traditionell wird sie eher von rechten als von linken Parteien angesprochen, weswegen Vertreter Ersterer, namentlich der langjährig regierenden LDP, sich sehr viel öfter beim Schrein einfinden als solche Letzterer.

Für Unmut sorgt Yasukuni nicht nur bei Japans Nachbarn, sondern auch innerhalb der Bevölkerung, denn viele Japaner sind gegen diese Kriegsgedenkstätte. Sie haben dafür verschiedene Gründe. Viele sehen in Politikerbesuchen beim Schrein einen Verstoß gegen das Verfassungsgebot der strikten Trennung von Kirche und Staat; andere verweisen auf die große und zunehmende Bedeutung Chinas für Japan und fordern Staatsräson und Zurückhaltung. Für eine dritte Gruppe ist Yasukuni, wie für die Chinesen, ein Symbol des Nationalismus und Militarismus.

Schon oft haben Bürger die Gerichte bemüht, um Besuche von Amtsträgern beim Yasukuni-Schrein zu verhindern, wobei meist argumentiert wurde, dass Vertreter des Staates einer religiösen Körperschaft nicht huldigen dürften. Einmal hat sich ein Gericht diese Sichtweise zu eigen gemacht. Am 30. September 2005 befand das Oberlandesgericht Osaka, dass der Yasukuni-Besuch von Premierminister Koizumi nicht verfassungsgemäß war. Koizumi ging trotzdem noch einmal zum Schrein, bevor er abtrat. Dass keiner seiner Nachfolger es ihm gleichtat, hat sich positiv auf das Verhältnis zu den Nachbarn ausgewirkt. Eine Gewähr dafür, dass Yasukuni in Zukunft seinem Namen Ehre macht und nur für Frieden im Reich steht, ist das freilich nicht. Mit Besuchen prominenter rechter Politiker kann der Schrein auch fürderhin rechnen.

74. Wie verhält sich der japanische Staat zur Religion? Japan ist ein säkularer Staat. Sein Verhältnis zur Religion regelt Artikel 20 der Verfassung, der den Bürgern Religionsfreiheit garantiert und dem Staat und seinen Organen verbietet, sich an religiösen Handlungen zu beteiligen. Auch an der religiösen Erziehung hat der Staat danach keinen Anteil.

Während der ersten vier Jahrzehnte seit Inkrafttreten der Verfassung 1947 entsprach die Verfassungswirklichkeit in hohem Maße der vorgeschriebenen Trennung von Kirche und Staat. Weder in staatlichen Institutionen noch in der Politik spielte Religion eine wichtige Rolle. Seit den 1980er Jahren ist das Verhältnis von Staat und Religion jedoch wiederholt Gegenstand kontroverser Debatten geworden. In mehreren Fällen wurden Gerichte angerufen, um Klarheit bezüglich der Rechtmäßigkeit bzw. Verfassungskonformität bestimmter Handlungen zu schaffen. Anlass dazu gaben (1) Besuche von Regierungsmitgliedern beim Yasukuni-Schrein, (2) das Begräbnis des Shōwa Tennō (zu Lebzeiten Kaiser Hirohito) und die Inthronisierung seines Sohnes Akihito, und (3) der Umgang des Staates mit religiösen Körperschaften.

Als Ministerpräsident Yasuhiro Nakasone 1985 dem Yasukuni-Schrein einen offiziellen Besuch abstattete, argumentierten Kritiker, dass er damit gegen das Verfassungsgebot der Trennung von Kirche und Staat verstoßen habe. Ähnlich wurde von manchen Intellektuellen bemängelt, dass der Shōwa Tennō nach Shintōritus beigesetzt wurde und auch die Inthronisierung seines Nachfolgers shintōistischem Brauch folgte. Zwar wird die traditionelle Rolle des Tennō als Shintōpriester vom Staat nicht anerkannt, aber dass der Tennō anlässlich seiner Thronbesteigung nach Ise zum höchsten Shintō-Heiligtum pilgerte, um dort Opfergaben darzubringen und eine ganze Nacht zu verbringen, rief bei manchen Beobachtern, insbesondere auf der linken Seite des politischen Spektrums, unliebsame Erinnerungen an den Staatsshintōismus und den damit verbundenen Ultranationalismus der 1930er und 1940er Jahre wach.

Daran, dass der Tennō im Laufe des Jahres zahlreiche shintōistische Riten durchführt, wird aus den gleichen Gründen Anstoß genommen. Verteidiger dieser Praxis geben zu bedenken, dass z. B. die englische Königin Oberhaupt der anglikanischen Kirche ist und in vielen westlichen Demokratien bei staatlichen Anlässen wie Trauerfeiern selbstverständlich kirchliche Zeremonien mit einbezogen werden, Amtseide auf die Bibel geschworen werden etc. Weshalb also solle der machtlose Tennō sich jeder zeremoniellen Handlung enthalten? Die Trennung von Kirche und Staat werde dadurch nicht unterminiert. In dieser Kontroverse geht es freilich nicht um Macht, sondern darum, wie sich der Kaiser als höchstes Symbol des Staates darstellt. Seinen Status als lebendiger Gott, als der er bis dahin verehrt wurde, erklärte der Shōwa Tennō erst nach der Niederlage im Zweiten Weltkrieg für nichtig. Auf alles, was an diese Vereinnahmung der Religion durch den Staat erinnert, reagieren breite Kreise der Bevölkerung sehr empfindlich.

Deshalb ist auch das Verhältnis des Staates zu religiösen Körperschaften sehr diffizil. In der ersten Hälfte des 20. Jahrhunderts hatte die Bevorzugung des Shintōismus durch den Staat zur Folge, dass andere Religionen und religiöse Körperschaften strenger staatlicher Kontrolle und zum Teil Repressionen ausgesetzt waren. Der oben zitierte Artikel 20 der Verfassung von 1947 sollte das in Zukunft verhindern. Lange legte sich der Staat dementsprechend bezüglich der Kontrolle religiöser Körperschaften große Zurückhaltung auf. Als sich die Sekte Aum Shinrikyo 1995 durch Terroranschläge als eine kriminelle Vereinigung entpuppte, begann jedoch ein Umdenken. Das zuerst 1951 verkündete Gesetz über religiöse Körperschaften wurde Ende 1995 novelliert, um der Entstehung gefährlicher Gruppen im Windschatten der Religionsfreiheit wirkungsvoller begegnen zu können.

75. Wie viele Frauen sitzen im Parlament? Seit 1946 haben Frauen in Japan das Wahlrecht. Seine Ausübung hat sich nur langsam in wachsender Beteiligung der Frauen an politischen Entscheidungen niedergeschlagen. Von den 480 Abgeordneten des 2009 gewählten Unterhauses waren 54 Frauen, 11,3 %. Höher war der Frauenanteil nie. Seit 1950 (2,7 %) hat er sich mehr als vervierfacht. Im Oberhaus waren immer etwas mehr Frauen vertreten. Dort erhöhte sich ihr Anteil von 4,8 % 1950 auf 17,4 % 2009. Präfektur- und Stadtparlamente bieten ein ähnliches Bild. Hier stieg der Frauenanteil von 1,0 % bzw. 2,0 % 1976 auf 9,4 % bzw. 11,8 % 2007.

Nach dem *Gender Empowerment Measure*, einem Index, der die Geschlechtergleichstellung in 189 Staaten misst, rangiert Japan mit diesen Zahlen auf Platz 131. Angesichts dieser Lage sieht der 2005 von der Regierung verabschiedete Grundlagenplan für Gleichstellung die Anhebung des Frauenanteils in Entscheidungspositionen auf allen Gebieten auf 30 % bis 2020 vor. Der geringen Beteiligung an politischen Entscheidungsprozessen entspricht die Geschlechterdiskriminierung auf anderen Gebieten. So ist beispielsweise der Lohnunterschied zu Ungunsten der Frauen in Japan größer als im OECD-Durchschnitt. In Führungspositionen sind Frauen stark unterrepräsentiert, während sie 69,7 % aller Teilzeitbeschäftigten (2005) stellen. Die Vergrößerung des Frauenanteils in der Politik wird wegen ihrer Sichtbarkeit allgemein als ein wichtiger Beitrag zur Förderung der Gleichstellung angesehen.

76. Hat Japan eine Familienpolitik? Die politische Zuständigkeit für Familienangelegenheiten lag traditionell beim Gesundheitsministerium bzw. dem Ministerium für Gesundheit, Arbeit und Wohlfahrt, wie es heute heißt. Eine Familienpolitik im Sinne von Maßnahmen mit dem Ziel, auf die Familie einzuwirken, gab es lange nicht. Erst 1990 wurde eine interministerielle Arbeitsgruppe «zur Schaffung eines Milieus, in dem gesunde Kinder geboren und aufgezogen werden» geschaffen. Das geschah vor dem Hintergrund des sog. «1,57-Schocks», nämlich der 1989 registrierten historisch niedrigsten Fertilitätsrate. Zwar ging die Geburtenrate seit Mitte der 1970er Jahre stetig zurück, aber die japanische Regierung wurde erst durch diesen Schock dazu veranlasst, nach Möglichkeiten zu suchen, dieser Entwicklung entgegenzuwirken.

Das Ergebnis war der 1994 verabschiedete «Angel Plan», der eine Reihe familienfreundlicher Maßnahmen beinhaltete, insbesondere ein vergrößertes Angebot von Kinderbetreuung, bezahlten Elternurlaub und eine Erhöhung des Kindergeldes. Ein 1998 veröffentlichtes Weißbuch des Gesundheitsministeriums erklärte den Geburtenrückgang mit der Zunahme des Anteils junger Menschen, die nicht heiraten bzw. die Eheschließung hinausschieben. Dieser Trend sei seinerseits auf die wachsende Doppelbelastung arbeitender Frauen zurückzuführen. Daraufhin wurde im Amt des Ministerpräsidenten ein Sachverständigenrat zur Formulierung politischer Maßnahmen gegen den Geburtenrückgang eingerichtet. Der neue «Angel Plan 1999–2004» war das Ergebnis. Im Mittelpunkt standen wiederum die Verbesserung der Kinderbetreuung, die Anhebung der Gehaltsfortzahlung im Elternurlaub auf 40 % und die Erweiterung der Empfangsberechtigten des Kindergelds bis zum vollendeten sechsten Lebensjahr (vorher bis zum dritten).

Seit dem ersten «Angel Plan» ist es erklärtes Ziel der Regierung, den Abwärtstrend der Geburtenrate aufzuhalten, wenn nicht umzukehren. Alterung und Bevölkerungsrückgang stellen die Rahmenbedingungen dieser Politik dar, zu denen auch die sich seit den 1980er Jahren vollziehende Schrumpfung der Erwerbsbevölkerung und die daraus resultierende stetige Verschlechterung des Abhängigkeitsquotienten (2010 nur noch 2,6 Werktätige pro Rentner) gehören. Der Einsicht, dass eine Familienpolitik, die das sich verändernde Verhältnis der Geschlechter nicht berücksichtigt und nicht mit Beschäftigungspolitik abgestimmt wird, wirkungslos bleiben muss, konnten sich auch die konservativen Kräfte nicht mehr verschließen. 1999 wurde daher das Rahmengesetz für die Gleichstellung der Geschlechter im Parlament ohne Gegenstimmen verabschiedet. Gleichstellung ist seither ein zunehmend wichtiger Teil der pronatalen Familienpolitik, was durch die Einrichtung eines Staatsministeriums für Gleichstellung und Soziales 2005 zum Ausdruck kam. In diesem Sinne beschloss die Regierung im selben Jahr einen Grundlagenplan für Gleichstellung, der auf gleichberechtigte Beschäftigung und Entlohnung und die Steigerung des Frauenanteils in Führungspositionen zielt. Ob Japans heutige gleichstellungsorientierte Familienpolitik die erwünschte Wirkung haben wird, ist nicht ausgemacht, weil in diesem Politikfeld schwer einzuschätzende kulturelle Faktoren eine wichtige Rolle spielen. Es ist jedoch deutlich, dass sich Japans Familienpolitik – nicht ohne konservative Widerstände – von dem traditionellen Familienmodell des Mannes als Ernährer bzw. Hauptverdiener und der Frau als Mutter und Hausfrau (vielleicht mit Nebenverdienst) zur Akzeptanz, ja Förderung einer egalitäreren Rollenverteilung der Geschlechter bewegt.

77. Was besagt der (Antikriegs-)Artikel 9 der japanischen Verfassung? Eine Besonderheit der japanischen Verfassung ist der sogenannte Antikriegsartikel 9. Die amerikanischen Sieger des Zweiten Weltkriegs sorgten dafür, dass dieser Artikel in die Verfassung von 1946 aufgenommen wurde, die die Verfassung des Meiji-Staates von 1890 ersetzte. Damit sollte verhindert werden, dass Japan noch einmal einen Angriffskrieg führen könnte.

Die beiden Absätze des Artikels lauten:

Art. 9 1. In aufrichtigem Streben nach einem auf Gerechtigkeit und Ordnung gegründeten internationalen Frieden verzichtet

das japanische Volk für alle Zeiten auf den Krieg als ein souveränes Recht der Nation und auf die Androhung oder Ausübung von Gewalt als Mittel zur Beilegung internationaler Streitigkeiten.
2. Um das Ziel des vorhergehenden Absatzes zu erreichen, werden keine Land-, See- und Luftstreitkräfte oder sonstige Kriegsmittel unterhalten. Ein Recht des Staates zur Kriegsführung wird nicht anerkannt.

Nach den Buchstaben des Gesetzes sind Japan damit militärische Aktivitäten weitgehend untersagt. In der Praxis wurde der Artikel jedoch schon sehr bald dahingehend ausgelegt, dass er die Landesverteidigung nicht ausschließt. Nach dem Koreakrieg wurde Japan 1954 wiederbewaffnet. Dem Artikel 9 wurde symbolisch jedoch dadurch Rechnung getragen, dass keine «Streitkräfte», sondern «Selbstverteidigungskräfte» geschaffen wurden und auch der zuständige Minister in der Regierung kein eigenes Portfolio hatte, sondern dem Amt des Premierministers unterstellt war. Erst 2007 wurde die «Selbstverteidigungsbehörde» in den Rang eines Ministeriums erhoben.

Seit der Wiederbewaffnung unterhält Japan, ermutigt von der amerikanischen Schutzmacht, dennoch eine gut gerüstete Streitmacht. Viele Verfechter des Artikels 9 halten das für verfassungswidrig. Ursprünglich sollte Japan durch diesen Artikel entmachtet werden. Womit seine Urheber nicht gerechnet hatten, war, dass er nur von einem kleinen Teil der Bevölkerung als schmachvolle Knebelung verstanden wurde. Vielmehr erfreut sich der Artikel großer Zustimmung, und alle Versuche, ihn abzuschaffen oder zu novellieren, blieben deshalb bisher ohne Ergebnis. Im benachbarten Ausland wird der Artikel 9 als Gewähr dafür hoch geschätzt, dass Japan mit seinen Nachbarn in Frieden leben will.

78. Was für Streitkräfte hat Japan? Japan hat eine 230 000 Mann starke gut gerüstete Berufsarmee (*Jieitai*, «Selbstverteidigungskräfte»), deren Soldaten in Kasernen im ganzen Land verteilt sind: 140 000 Bodentruppen und je ca. 45 000 Soldaten bei Marine und Luftwaffe. Japan gibt ca. 1 % seines Bruttonationalprodukts für Verteidigung aus und steht damit an siebter Stelle in der Welt (nach Deutschland).

Dem Einsatz des Militärs außerhalb Japans sind durch die

Verfassung enge Grenzen gesetzt. Nach einem Gesetz von 1992 dürfen sich die Selbstverteidigungskräfte an friedenserhaltenden Maßnahmen der Vereinten Nationen beteiligen. In Kampfgebiete dürfen sie nicht geschickt werden.

Für Friedenssicherung unter UN-Mandat wurden japanische Soldaten in Kambodscha, auf den Golanhöhen, in Mosambik und in Nepal eingesetzt. Hilfe bei Naturkatastrophen im Inland und in Übersee gehört zu den wichtigsten Aufgaben der Streitkräfte. Nach dem Erdbeben in Haiti im Januar 2010 wurden japanische Truppen dorthin geschickt. Von einem Hilfseinsatz nach dem katastrophalen Beben in China 2008 wurde jedoch abgesehen, da japanische Soldaten auf chinesischem Boden noch immer schmerzhafte Erinnerungen an den Zweiten Weltkrieg wachrufen.

Unter dem Eindruck nordkoreanischer Raketentestflüge über japanischem Gebiet 1998 und 2006 sowie der Terroranschläge 2001 in den USA hat das japanische Parlament eine Reihe von Gesetzen verabschiedet, um «die nationale Unabhängigkeit und Sicherheit im Falle eines bewaffneten Angriffs zu garantieren». Die vom Kabinett verabschiedeten neuen Verteidigungsrichtlinien von 2004 nehmen explizit auf neue Bedrohungen wie Terrorismus und die Weiterverbreitung von Massenvernichtungswaffen Bezug. Auf militärischem Gebiet bleibt Japan dennoch zurückhaltend.

79. Warum sind in Japan 30 000 amerikanische Soldaten? Als logische Folge der von den USA auferlegten militärischen Enthaltsamkeit erhielt Japan, als die Besatzungszeit zu Ende ging, von Washington Sicherheitsgarantien. Gleichzeitig mit dem Friedensvertrag von 1951 trat das «Japanisch-Amerikanische Sicherheitsbündnis» in Kraft, auf Grund dessen amerikanische Truppen nach der Wiederherstellung von Japans Souveränität im Land blieben, nominell nicht mehr als Besatzungstruppen, sondern als Verbündete.

Das Japanisch-Amerikanische Sicherheitsbündnis wurde nach seinem Auslaufen 1960 durch den «Vertrag über gegenseitige Kooperation und Sicherheit zwischen Japan und den Vereinigten Staaten» ersetzt. Dieser Vertrag war so unpopulär, dass Demonstrationen dagegen einen Besuch des US-Präsidenten Eisenhower verhinderten und der japanische Ministerpräsident Kishi darüber stürzte. Der Vertrag trat dennoch in Kraft und hat seither die Außen- und Sicherheitspolitik Japans geprägt.

Nach Artikel 6 des Vertrages stellt Japan den amerikanischen Streitkräften Stützpunkte zur Verfügung. Einrichtungen des US-Militärs befinden sich in den Präfekturen Okinawa, Nagasaki, Yamaguchi, Kanagawa, Tokyo und Hokkaido. Für die Unterhaltung der Stützpunkte zahlt die japanische Regierung jährlich große Summen, die als «Sympathie-Haushalt» (*omoiyari yosan*) bekannt sind. 2011 waren es 188 Mrd. Yen, rund 1,7 Mrd. Euro. Die Stärke der amerikanischen Truppen schwankt um 35 000. Etwa 75 % davon sind in Okinawa stationiert, was daher rührt, dass Okinawa nach dem Krieg unter amerikanischer Verwaltung stand und erst 1972 an Japan zurückgegeben wurde. Von 1965 bis 1972 spielten die Stützpunkte in Okinawa eine Schlüsselrolle in Amerikas Krieg gegen Vietnam. Ende der 1960er Jahre waren mehr als 50 000 amerikanische Soldaten dort stationiert.

Die Bevölkerung Okinawas ist mehrheitlich gegen die amerikanische Militärpräsenz, aber zu schwach, um sich gegen die Regierung in Tokyo durchzusetzen. Abgelehnt werden die Stützpunkte wegen Fluglärm und Kriminalität und weil die rund 18 % des Landes der Hauptinsel, auf denen sich die Stützpunkte befinden, nicht anderweitig genutzt werden können. Von 1952 bis 2005 waren amerikanische Soldaten in Japan in über 200 000 Unfälle und Verbrechen verwickelt, bei denen ca. 1100 japanische Zivilisten ums Leben kamen. Besonders verbittert hat die Gegner der Basen die 2009 bekannt gewordene Tatsache, dass amerikanischen Soldaten durch geheime Absprache zwischen den Regierungen in Tokyo und Washington Straffreiheit bzw. bei Straffälligkeit Abschiebung nach Amerika zugesichert wurde.

Ebenfalls Gegenstand eines Geheimabkommens, dessen Existenz die japanische Regierung lange bestritt, war die Duldung des Transports und der zeitweiligen Lagerung von Atomwaffen auf japanischem Gebiet, was Japans Politik der drei Anti-Atom-Prinzipien – keine Herstellung, kein Besitz, keine Lagerung – widerspricht. Dieses Geheimabkommen schloss Premierminister Eisaku Sato mit den Amerikanern ab, noch bevor er 1970 für Japan den Atomwaffensperrvertrag unterschrieb. Befürworter der Basen betonen ihre Bedeutung für Japans Sicherheit und den Frieden in der Region, nicht zuletzt unter dem Gesichtspunkt, dass die amerikanische Präsenz eine japanische Aufrüstung unwahrscheinlich und das japanische Verhalten in Sicherheitsfragen berechenbarer macht. Als Hinterlassenschaft des Zweiten

Weltkriegs erinnern die Basen an Japans eingeschränkte Souveränität bzw. seinen begrenzten außenpolitischen Handlungsspielraum. Die Belastung Okinawas zu verringern, gelang auch 2010 nicht. Ministerpräsident Hatoyama kam über den vergeblichen Versuch, das diesbezügliche Wahlkampfversprechen seiner Partei einzulösen, zu Fall. Keine andere japanische Präfektur war bereit, die amerikanischen Stützpunkte aufzunehmen, und die Regierung in Washington bot keine Alternative an.

80. Wie ist Japans Verhältnis zu seinen Nachbarn? Japan hat heute keine Landgrenzen, da das Staatsgebiet seit Ende des Zweiten Weltkriegs auf Inseln beschränkt ist. Nachbarn sind somit die nächsten überseeischen Länder: Russland, China, die beiden Koreas und Taiwan. Mit ihnen hat Japan ungelöste Territorialkonflikte, die die Beziehungen belasten. Diese missliche Lage ist hauptsächlich ein Erbe des Zweiten Weltkriegs. Sie ist einerseits darauf zurückzuführen, dass Japans Grenzen nach der Niederlage nicht in allen Einzelheiten eindeutig bestimmt wurden, und andererseits darauf, dass wegen vorausgegangener Konflikte nicht mit allen Kriegsgegnern ein Friedensvertrag abgeschlossen wurde.

Von Norden nach Süden gehend, stellen sich die ungelösten Konflikte folgendermaßen dar. Zwischen Russland und Japan sind die südlichen vier Kurileninseln nordöstlich von Hokkaido umstritten. In den letzten Tagen des Zweiten Weltkriegs wurden sie von sowjetischen Truppen besetzt. Im Friedensvertrag von San Francisco von 1951 wird Japan die Souveränität über die vier Inseln aberkannt, aber dieser Vertrag wurde von der UdSSR nicht unterzeichnet. 1956 bot die sowjetische Regierung Japan an, im Rahmen eines Friedensvertrags die beiden Inseln Shikotan und Habomai zurückzugeben. Japan war bereit, das zu akzeptieren, wurde aber von der US-Regierung davon abgehalten. Die Folge davon ist, dass Japan mit Russland als Rechtsnachfolger der UdSSR noch immer keinen Friedensvertrag abgeschlossen hat und der Streit um die vier von Russland verwalteten Inseln, die Japan die «nördlichen Territorien» nennt, weiterhin die Beziehungen überschattet.

Zwischen der koreanischen Halbinsel und Honshu liegt eine kleine Inselgruppe, die auf Japanisch Takeshima und auf Koreanisch Dokdo heißt. Seit Beendigung der japanischen Kolonialherrschaft über Korea 1945 sind die von reichen Fischgründen umgebenen Inseln umstritten. 1949, als Japan noch besetzt war, erklärte die UdSSR, dass Dokdo zu Korea gehöre. Verwaltet werden die Inseln von Südkorea, aber Japan hat seinen Anspruch nie aufgegeben und wiederholt vorgeschlagen, den Disput vor den Internationalen Gerichtshof zu bringen. Südkorea lehnt eine gerichtliche Klärung ab und wird hierin von Nordkorea unterstützt. Der Konflikt ist stark emotional aufgeladen. Als die japanische Präfektur Shimane, zu der Takeshima nach japanischer Auffassung gehört, 2005 einen Takeshima-Tag einführte, kam es überall in Südkorea zu heftigen Demonstrationen. Eine Verhandlungslösung ist nicht in Sicht.

Im Ostchinesischen Meer schließlich, zwischen Okinawa und Taiwan, befinden sich die Senkaku-Inseln, Diàoyútái auf Chinesisch, die von Japan, der Republik China (Taiwan) und der Volksrepublik China beansprucht werden. 1945 kamen die Inseln wie Okinawa unter amerikanische Verwaltung, während Taiwan nach Japans Kapitulation von der nationalchinesischen Regierung verwaltet wurde. 1972 gab Amerika Okinawa zusammen mit den Senkakus an Japan zurück, ohne allerdings ausdrücklich Japans Souveränität über die Inseln anzuerkennen. Die Regierungen in Beijing und Taipei protestierten. Letztere argumentiert, dass die Inseln von Japan bis 1945 als Teil der Präfektur Taihoku (Taipei) verwaltet wurden. Mit dem Verlust dieser Präfektur, nämlich der Kolonie Taiwan, büßte Japan somit auch die Senkaku-Inseln ein. Die Volksrepublik China wiederum betrachtet Taiwan als chinesische Provinz, zu der auch die Senkakus gehören. Tokyo leitet seinen Anspruch auf das Gebiet davon ab, dass Japan die Inseln seinem Staatsgebiet bereits Monate vor der durch den Japanisch-Chinesischen Krieg 1894/95 erzwungenen Abtretung Taiwans eingegliedert habe. Die Inseln sind unbewohnt, liegen aber auf einem Kontinentalsockel, der reiche Gas- und Ölvorkommen birgt. Sie sind heute der Hauptgrund des Konflikts. Mehrere Anläufe der Regierungen in Tokyo und Beijing, sich über eine gemeinsame Ausbeutung der Ölfelder zu einigen, ohne die Souveränitätsfragen zu klären, haben nicht zu einer beständigen Lösung geführt, da von der Hoheitsfrage bezüglich des Landgebiets die Abgrenzung der exklusiven Wirtschaftszone im Meer abhängt.

Dass Japan noch 65 Jahre nach Ende des Zweiten Weltkriegs mit allen drei wichtigen Nachbarn Territorialkonflikte hat, zeugt von einer Schwäche der japanischen Außenpolitik, die einseitig auf die

Bedürfnisse der einstigen Besatzungs- und dann Schutzmacht USA ausgerichtet war und wenig für den Ausgleich mit den nächsten Nachbar getan hat.

81. Welche Politik verfolgt Japan in der UNO? Japan ist seit 1956 Mitglied der Vereinten Nationen. Nach Artikel 53 der UN-Charta ist es ebenso wie Deutschland nominell ein «Feindstaat», nämlich ehemaliger Kriegsgegner der Gründungsstaaten der Weltorganisation. 1995 bezeichnete die 50. UN-Vollversammlung die Feindstaatenklausel zwar als obsolet; abgeschafft wurde sie jedoch wegen des damit verbundenen Aufwands nicht.

Für Japan ist die Feindstaatenklausel einer der Gründe für eine Reform der Vereinten Nationen. Vordringlich ist die Reform des Sicherheitsrates, dem die fünf Siegermächte des Zweiten Weltkriegs – China, Frankreich, Großbritannien, Russland, Vereinigte Staaten – als permanente Mitglieder angehören. Bereits seit den 1970er Jahren haben japanische Politiker gelegentlich auf die Notwendigkeit einer Reform des Sicherheitsrats hingewiesen. Offizielles politisches Ziel Japans ist ein permanenter Sitz im Sicherheitsrat seit den frühen 1990er Jahren. 2004 hat Ministerpräsident Koizumi den Anspruch seines Landes, koordiniert mit entsprechenden Initiativen Brasiliens, Deutschlands und Indiens, der Vollversammlung vorgetragen. Japans Bemühungen um einen permanenten Sitz im Sicherheitsrat stehen zwei andere Ratsmitglieder, China und Russland, ablehnend gegenüber. Begründet ist der Anspruch Japans u. a. darin, dass der japanische Beitrag zum UN-Haushalt mit 19,47 % absolut der zweitgrößte der Welt ist (USA 22 %, BRD 8,6 %) und gemessen an Japans Anteil am Weltinlandsprodukt mit weitem Abstand der größte der Welt ist.

一番

Technik

82. Warum lieben Japaner Roboter? Roboter sind gut. Dieses positive Image des Roboters in Japan wird manchmal mit dem animistischen Shintōglauben in Verbindung gebracht, nach dem sowohl lebendige als auch unbelebte Wesen beseelt sind und verehrt werden. Als Roboter in den 1950er Jahren in der japanischen Literatur auftauchten, wurden sie als intelligente, gute Geister mit Gefühlen, wie Menschen sie haben, dargestellt. Sie retteten die Welt und standen den Menschen zur Seite. Diese Sicht steht in starkem Gegensatz zu der vorherrschenden westlichen Auffassung, wie Isaac Asimov, der Pate der Roboterliteratur, sie formulierte: «Mensch erschafft Roboter; Roboter tötet Mensch». Bis auf den heutigen Tag kennzeichnen diese unterschiedlichen Auffassungen das Verhältnis zu Robotern. Amerikanische Forschung auf diesem Gebiet wird größtenteils aus dem Militärhaushalt finanziert, wohingegen die Japaner auf zivile Hilfsgeräte setzen.

Roboterhelden aus Mangas (Comics) sind ihre Inspirationsquelle, wie Ingenieure ungeniert bekennen. Der Prototyp ist Tetsuwan Atomu, im Westen als Astro Boy bekannt, ein Roboterkind, das seinem Erfinder/Vater stets mit stählernem Arm fliegend zu Hilfe kommt, der ideale Roboter, der Freude, Einsamkeit und Traurigkeit kennt. Auch der blaue Roboterkater Doraemon gilt als Vorbild, weil er sich und seine Kameraden in andere Zeiten und an andere Orte versetzen kann und in seiner Wunderschublade im Bauch immer das richtige Gerät parat hat, um eine knifflige Situation zu meistern. Die martialisch gestalteten Roboter Gundam und Tetsujin 28-go sind eher rational arbeitende Maschinen, in der Menschen sitzen, die sie steuern. Allen gemein ist, dass sie das Gute repräsentieren und die Welt vor bösen Kräften schützen.

Noch ein anderer kultureller Zug liegt der japanischen Roboterleidenschaft zu Grunde: *monozukuri*. Japaner sind gut in der Herstellung von Objekten, von kleinen Tüfteleien bis zu komplizierten mechanischen Konstruktionen. Die Wertschätzung für handwerkliches Können ist groß. Technisch betrachtet, sind Roboter eine Weiterentwicklung von Automaten, die man in der japanischen Literatur bis ins 15. Jahrhundert zurückverfolgen kann. Die positive Einstellung zu Robotern hat schließlich noch einen ganz nüchternen Grund. Die Automatisierung der Industrieproduktion wurde ab

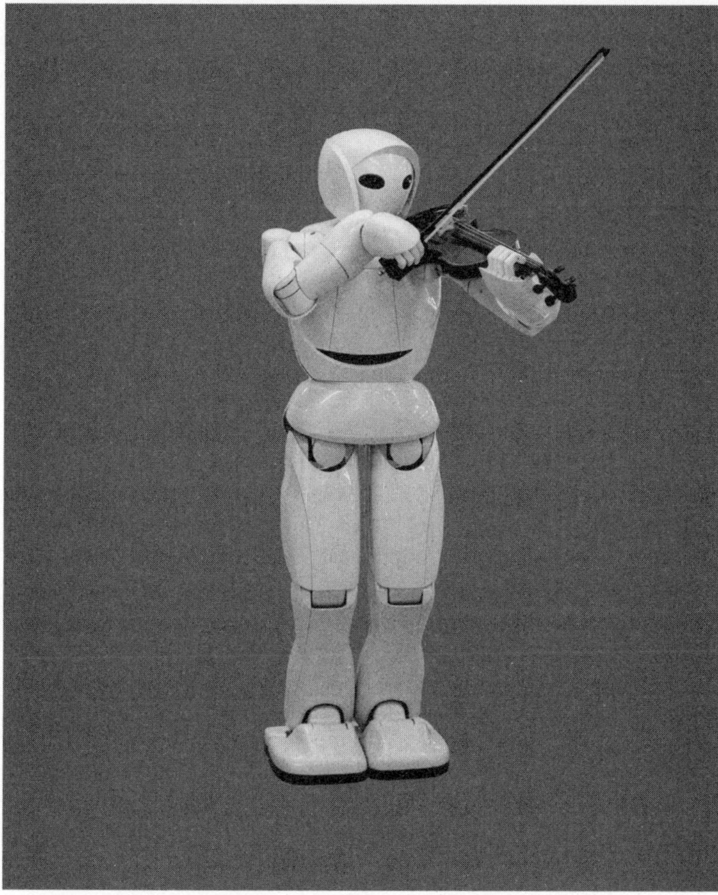

Der Geige spielende Roboter von Toyota (Foto: Toyota)

den 1960er Jahren wesentlich vom Arbeitskräftemangel vorangetrieben.

83. Warum setzt Japan auf Roboter? Als die Japaner 1967 von amerikanischen Firmen Lizenzen für den Bau von Robotern erwarben, schlugen sie, um dem Problem des Arbeitskräftemangels zu begegnen, einen anderen Weg ein als die Deutschen. Deutschland setzte auf Gastarbeiter, Japan auf Roboter. Industrieroboter, die automatisch Teile zum Einsatzort brachten, waren eine willkommene Ergänzung der Belegschaft. Japans Industrie wuchs jährlich um 12 %. Mehr war nicht möglich, weil es an geschulten Arbeitskräften fehlte. Die «dumme» Arbeit konnte man Maschinen überlassen. Bald entwickelten japanische Firmen eigene Roboter. 1970 fand die erste Konferenz über Industrieroboter statt, an der 35 heimische Hersteller teilnahmen. 1978 wurden 10 000 Systeme produziert, zwei Jahre später hatte sich die Produktion verdoppelt. Während der Akzent zunächst auf Massenproduktion in Fabrikhallen lag, ging die Entwicklung in den 1980er Jahren in Richtung Roboter für die Herstellung kleiner Stückzahlen und verschiedener Modelle in kleineren Werkstätten. Hoch entwickelte Technologien der Objekterkennung und -bedienung waren dafür erforderlich. Dank der finanziellen und administrativen Unterstützung des Ministeriums für Internationalen Handel und Industrie (MITI) kam die Entwicklung in Japan sehr schnell voran. Bereits 1990 war Japan in der Robotertechnologie führend. Von den geschätzten 350 000 Industrierobotern weltweit standen zwei Drittel in Japan. An Arbeitskräften fehlte es aber immer noch, und zwar bei den sogenannten 3-K-Arbeiten, die schwer, schmutzig oder gefährlich (*kitsui, kitanai, kiken*) sind.

Wieder mit Unterstützung des MITI ging die Industrie neue Wege, um Roboter für den Bau, für Wartungsarbeiten in Kernkraftwerken, Katastropheneinsatz und für die Raumfahrt- und Tiefseeforschungen zu entwickeln. Das bedeutete eine weitere Verfeinerung der Technologie, insbesondere von genauer und zuverlässiger Fernsteuerung. Gleichzeitig wurden große Anstrengungen bei der Entwicklung von Humanoid-Robotern unternommen, Robotern also, die wie Menschen Arme, Beine, einen Kopf und einen Körper haben. Damit wird einerseits das Ziel verfolgt, menschliche Fähigkeiten mit einer Maschine zu simulieren, und andererseits die Absicht, den prognostizierten Bedarf an Dienstleistungsrobotern für die Pflege zu decken, denn die Alterung der Gesellschaft ist das große Problem der Zukunft. Die Zahl der alten und pflegebedürftigen Menschen nimmt ständig zu, während die werktätige Bevölkerung schrumpft. Eine Lockerung der restriktiven Zuwanderungspolitik lehnt die japanische Regierung ab und setzt stattdessen auf technische Lösungen. Von Arbeitsmigranten erwartet man nur Probleme, wohingegen Roboter als anspruchslose und manipulierbare «Diener» eingesetzt werden können, so wie es der tschechische Name buchstäblich besagt. Roboter für den Pflegesektor sollten am besten wie Menschen aussehen, meinen die Ingenieure. Einstweilen ist der einsetzbare Humanoid-Roboter noch ein Zukunftstraum, Hondas eindrucksvollem Asimo zum Trotz, denn der tritt nur in Showrooms unter Testbedingungen auf. Service-Roboter sind noch in den Kinderschuhen, denn die Sicherheitsanforderungen für Maschinen im direkten Kontakt mit Menschen sind naturgemäß viel höher als für Industrieroboter in der Fabrikhalle. Die heutigen Anwendungen von roboterähnlichen Hilfsmitteln lassen auch kein Horrorszenario aufscheinen, dass «nur noch Maschinen» für Menschen sorgen. Sie dienen eher der körperlichen Entlastung des Pflegepersonals: ein vom Pfleger gesteuerter Hebearm, um Patienten aus dem Bett zu helfen, ein mechanischer Löffel mit Feinsteuerung als Esshilfe für Querschnittgelähmte, ein interaktives Kuscheltier für die Stimulierung von Demenzkranken oder ein programmierbarer selbstführender Staubsauger. Auch hier gilt, dass die «dumme» Arbeit von Maschinen gemacht wird, gerade damit die Pfleger mehr Zeit für den menschlichen Kontakt haben.

84. Was ist schneller, Zug oder Flugzeug? Der erste kommerzielle Hochgeschwindigkeitszug der Welt fuhr 1964 in Japan, dem Jahr der Tokyoter Olympiade, als Japan nach dem verlorenen Krieg in die Weltgemeinschaft zurückkehrte. Der Bau der ersten Strecke wurde mit einem Kredit der Weltbank finanziert, denn Japan hatte damals noch den Status eines Entwicklungslandes. Der *Shinkansen* («neue Hauptlinie»), wie der Zug hieß, befuhr die 515 km der Tokaido-Strecke zwischen Tokyo und Osaka mit einer Höchstgeschwindigkeit von 210 km/h. Das war nicht nur für die Japaner eine Sensation. Hochgeschwindigkeitszüge nahmen in Europa 1981 mit dem französischen TGV und 1991 mit dem deutschen ICE erst viel später den Betrieb auf.

Japan National Railways (JNR), ein Staatsbetrieb, hat die Shinkansen-Verbindungen auf ein Netz von inzwischen 2459 km ausgebaut. Es ist vom normalen Bahnnetz getrennt, ohne Bahnübergänge und gegen Fußgänger abgeschirmt. Unfallrisiko und Verzögerungen werden dadurch wesentlich verringert. Dazu tragen auch die Erdbebensicherheits- und automatischen Zugkontrollsysteme bei. Tatsächlich hat es in der fast 50-jährigen Geschichte des Shinkansen keinen einzigen Unfall gegeben. Verspätungen liegen durchschnittlich bei 6 Sekunden und sind nur auf Notbremsungen bei Erdbeben und gelegentliche Selbstmorde zurückzuführen. Angesichts der hohen Frequenz der Züge ist die große Pünktlichkeit besonders eindrucksvoll. Der *Tokaido-Shinkansen* zwischen Tokyo und Osaka, die meistbefahrene Strecke der Welt, fährt in beiden Richtungen alle 10 Minuten. Im Jahr werden allein auf dieser Strecke 150 Mio. Passagiere transportiert.

Die inzwischen privatisierte Bahn (jetzt JR) hat ihren Fuhrpark kontinuierlich verbessert. Mit dem schnellsten Zugtyp, dem N700-I, der eine Geschwindigkeit von 300 km/h erreicht, kommt man in 2 Stunden und 26 Minuten von Tokyo nach Osaka. 1964 dauerte die Fahrt noch 4 Stunden. JR-Central, der Betreiber der Tokaido-Strecke, hat ein noch schnelleres Testmodell, das 360 km/h fahren kann. Weil der Bremsweg bei dieser hohen Geschwindigkeit unvermeidlich länger wird, die Oberleitungen schneller zerschleißen und die hohe Geräuschbelastung schwer zu beheben ist, meinen die Ingenieure von JR, dass die Rad-Schiene-Technologie damit an ihre Grenzen gekommen ist. Um schneller über Land fahren zu können, setzt Japan auf das System der *Superconductive Magnetic Levitation* (SC-Maglev), den Schwebezug, der seit 1972 entwickelt wird und inzwischen für den kommerziellen Einsatz ausgereift ist. Zurzeit gibt es nur eine 18,4 km lange Teststrecke in der Präfektur Yamanashi, die aber Teil der geplanten Strecke zwischen Tokyo und Nagoya werden soll. Auf ihr soll der Maglev mit einer Betriebsgeschwindigkeit von 500 km/h fahren. Mit 581,7 km/h (2010) hält Japans Schwebezug den Geschwindigkeitsrekord für Züge.

Ist der Shinkansen schneller als ein Flugzeug? Japans Hochgeschwindigkeitszüge stehen nicht wirklich im Wettbewerb mit dem Flugtransport. Angesichts der lang gestreckten Geographie des Landes mit seinen vielen Inseln bietet sich für Strecken über Wasser das Flugzeug an, das von Natur aus schneller ist. Der Shinkansen, dessen Bahnhöfe direkt im Stadtzentrum liegen und direkte Anbindungen an Lokalzüge haben, ist aber auch für lange Strecken meistens die schnellere Verbindung. Außerdem ist der Komfort der mit Mobiltelefon- und Internetverbindung großzügig ausgelegten und gut belüfteten Waggons weitaus besser als in einem Flugzeug. Für den Shinkansen gilt meistens: doppelt so schnell und 90 % weniger umweltbelastend als das Flugzeug.

85. Wie bewegt man sich in Tokyo? Dank des gut funktionierenden öffentlichen Verkehrsnetzes ist es erstaunlich leicht, sich in Tokyo und Umgebung zu bewegen. Es umfasst den ganzen Wirtschaftsraum der Metropole, eine 7800 Quadratkilometer große Fläche, die große Teile der Präfekturen Chiba, Saitama und Kanagawa mit Tokyo im Zentrum abdeckt. Hier wohnen etwa 35,6 Mio. Menschen auf engem Raum. Sie gehen zur Schule, ins Büro, in die Fabrik oder besuchen Freunde – und können immer damit rechnen, dass sie pünktlich ankommen, trotz Menschenmengen, Vielzahl der Betreiber und Größe des Netzes.

Das Schienennetz ist 2578 Kilometer lang mit 13 U-Bahnlinien, 36 Hochgeschwindigkeits- und lokalen Züge von Japan Railways und etwa 30 Linien von Privatunternehmen. Das Schienennetz ist das Rückgrat der Transportinfrastruktur Tokyos, das von zahlreichen Buslinien ergänzt wird. In Groß-Tokyo wohnt man niemals weit von einer Haltestelle entfernt. Da erstaunt es nicht, dass das Netz tagtäglich mehr als 20 Mio. Passagiere auf 40 Mio. Fahrten transportiert. Die meistbefahrene Linie, mit 3,6 Mio. Fahrgästen am Tag, ist die im Drei-Minuten-Takt fahrende Yamanote-Linie, die auf einem Kreis um die Innenstadt alle große Zentren Tokyos miteinander verbindet: Ikebukuro, Ueno, Tokyo-Hauptbahnhof, Shinagawa, Shibuya und Shinjuku. Der letztgenannte Bahnhof allein wird täglich im Schnitt von 3,65 Mio. Fahrgästen frequentiert – eine Zahl, die ins *Guinness Book of Records* aufgenommen wurde.

So effizient der Bahnverkehr ist, so mühsam bewegt man sich meistens über Tokyos Straßen. Der Berufsverkehr von Bussen, Lastern, Lieferwagen, Handwerkern und Taxis verstopft tagsüber die Straßen. Dass Tokyo dicht besiedelt ist, zeigt sich deutlich am Straßennetz. Es gibt nur einige große Ringe und Ausfallstraßen. Sonst ist man auf schmale Straßen mit vielen Ampeln und Seitengassen angewiesen. Parken am Straßenrand ist in Tokyo grundsätzlich verboten. Stadtfahrten mit dem Auto sind deswegen immer mit hohen Parkgebühren verbunden. Die Pendler fahren mit öffentlichen Verkehrsmitteln zur Arbeit. Da etliche Millionen von ihnen irgendwann zwischen 8 und 10 Uhr morgens am Arbeitsplatz ankommen müssen, kann es in der Hauptverkehrszeit entsprechend voll werden. Dass Züge zu 150 oder 200 Prozent ausgelastet sind und die Fahrgäste vom Bahnsteigpersonal mit weißen Handschuhen in den Zug gedrückt werden müssen, war früher Routine. Heutzutage ist das dank der ständigen Ausweitung des Netzes nur noch selten der Fall. Aber mit einem Sitzplatz sollte man nicht unbedingt rechnen.

86. Wann wird die ganze Welt vernetzt sein? Japan ist das Land der elektronischen Gadgets. Die besten davon festigten diesen Ruf immer wieder rund um den Globus. Transistorradios, Walkman, Gameboy, Nintendo DS, Playstation, digitale Kameras, Miniatur-MP3-Player japanischer Marken haben sukzessive die Welt erobert. Nur auf dem globalen Handymarkt fallen japanische Hersteller durch Abwesenheit auf, obwohl die japanische Mobiltelefonie der Konkurrenz 10 Jahre voraus war, bis das i-Phone auf den Markt kam. Die Japaner haben geschlafen oder wie sie selbst sagen, sie haben sich damit zufriedengegeben, auf dem heimischen Archipel gute Gewinne zu machen. Vom Rest der Welt isoliert wie auf den Galapagos-Inseln hat Japan eine eigene Handy-Entwicklung durchlaufen. Das «Galapagos-Syndrom» beschäftigt Ministerien und Industrie, denn was die mobile Telefonie betrifft, ist Japan die fortschrittlichste und dynamischste Gesellschaft der Welt. Das betrifft weniger die Hardware als die originellen Anwendungen, Inhalte und erfolgreichen Geschäftsmodelle, durch die das ganze Land mobil vernetzt ist. Nur Südkorea und Hongkong können sich hier mit Japan messen. Zu verdanken ist das nicht zuletzt der gut ausgebildeten Bevölkerung, die, was innovative Technologien angeht, nicht unter Berührungsängsten leidet. Mit sozialer Akzeptanz können Produzenten und Planer immer rechnen.

Als in den 1990er Jahren ein Mobilfunknetz aufgebaut wurde, geschah das dank des harten Wettbewerbs zwischen den Anbietern und ohne teure Versteigerung von Lizenzen. Jetzt erfreut sich die Gesellschaft des schnellsten Systems mit einer Datenübertragungsgeschwindigkeit von 75 Megabits per Sekunde. Als der Mobilfunk 1999 Internetzugang bekam, setzte sich das Handy schlagartig durch, weil die Anbieter den Benutzern, besonders der Jugend und kaufkräftigen jungen Frauen, eine breite Palette von Inhalten und Anwendungen präsentierten. In Japan benutzt jeder, der physisch dazu in der Lage ist, das Handy, das zeigen die Zahlen: 110 Mio. Anschlüsse auf 127 Mio. Einwohner. Das japanische Handy ist nicht nur ein cooles Accessoire, es fungiert als Schaltwerk des Alltags.

Schon vor dem Mobilfunknetz hatte Japan ein flächendeckendes FTTH- (*Fiber to the home*) Fiberglasnetz für Hochgeschwindigkeitsverbindungen geplant. 2001 wurden die ersten Anschlüsse freigeschaltet.

Inzwischen hat die Hälfte aller Telefonanschlüsse eine FTTH-Breitbandverbindung. Das Fiberglasnetz ist nicht nur eine unabdingbare Voraussetzung für eine moderne High-Tech-Arbeitsumgebung mit Supercomputern, Serverzentren und intensivem Datenverkehr; es bietet dem Privatkunden mit einer einzigen Leitung schnellen Internetanschluss, Telefon und Fernsehen. FTTH hat den Weg für *Video-on-Demand*, Online-Spiele, Videokonferenzen usw. geebnet, und zwar von hoher Qualität und zu günstigen Preisen. Das gute Preis-Leistungs-Verhältnis hat wesentlich zu dem hohen Vernetzungsgrad beigetragen. Das zeigt sich in Japan, ebenso wie in den anderen führenden IT-Ländern: Hongkong, Südkorea und den skandinavischen Ländern.

Die Entwicklung geht weiter. Eine Schlüsselrolle spielt dabei ein Konzept, das der Universitätsprofessor Ken Sakamura seit den 1980er Jahren entwickelt, die *ubiquitous network society*. Das bedeutet so etwas wie «alle sind immer und überall direkt mit allen und mit allem verbunden», und zwar über ein digitales Informationsnetzwerk. Die Idee ist, dass man allen Orten und allen Objekten überall auf der Welt eine Kennzeichnung gibt. An Hand dieser Kennzeichnungen und anderer Informationsquellen (z. B. Datenbanken auf Servern und GPS-Ortsbestimmung) kann man sich über seine Umgebung kundig machen und auf dieser Grundlage handeln. So kann eine ganze Stadt mit Kennzeichen ausgerüstet werden, und ein Blinder könnte sich mit einem Lesegerät an seinem Stock zurechtfinden. Aber auch ein mit Lesegerät ausgerüsteter Roboter könnte sich in der Stadt bewegen, um Anweisungen auszuführen. Das Lesegerät, auch Interface genannt, verbindet die reale Welt in Echtzeit mit der digitalen Welt der Datenbanken, Anweisungen usw. Sowohl in Japan als auch in anderen Ländern laufen bereits hunderte von Einzelprojekten nach dem Konzept der *ubiquitous society*. Nach Angaben des Ministeriums für Inneres und Kommunikation (MIC), das das Projekt *ubiquitous society* von Anfang an gefördert hat, ist der Hauptzweck, die Bewältigung gesamtgesellschaftlicher Aufgaben auf Gebieten wie Gesundheit und Wohlfahrt, Umwelt und Energie, Katastrophenschutz, Sicherheit, Bildung und Arbeitsplatzvermittlung zu erleichtern. Japan soll dabei eine Vorreiterrolle spielen. Sakamura selbst – ein Ingenieur, der zum Gesellschaftsplaner geworden ist – kümmert sich freilich nicht um insulare Grenzen. Ihm kommt es darauf an, dass eine offene IT-Architektur und Standardisierung die Idee für alle zugänglich machen und die ganze Welt davon profitieren kann.

87. Warum wackeln japanische Häuser? Nicht nur die Häuser wackeln in Japan, auch die Tempel, die Brückenpfeiler, der Kaiserpalast, die Fernsehtürme, die Wolkenkratzer. Sie wackeln, wenn die Erde bebt. Starre Gebäude würden schon bei einem leichten Erdstoß zu Schaden kommen und bei einem schweren sofort einstürzen. Wegen der vielen Erdbeben sind japanische Häuser von alters her und zumeist noch immer sehr leicht und aus Holz gebaut. Holz ist ein Baumaterial, das eine dämpfende Wirkung hat und Erdstöße gut absorbiert. Für erdbebensicheres Bauen ist das das Wichtigste. Die herkömmlichen Holzrahmenkonstruktionen mit ihren beweglichen Verbindungen können Erschütterungen ebenso gut abfedern wie moderne Konstruktionen mit schockabsorbierenden Gummilagern unter den Gebäuden, hydraulischen Gelenken in Verstärkungen, Ballastdepots, tiefen Pfeilerverankerungen usw. Die Technologie ist weltweit hochentwickelt, nicht zuletzt dank japanischer Ingenieure großer Baufirmen. Japans Bauvorschriften kommen nach jedem schweren Erdbeben wieder auf den Prüfstand. Zuletzt wurden sie 1998 nach dem großen Erdbeben 1995 in Kobe geändert, dem 6500 Menschen zum Opfer gefallen waren. Für Großprojekte wie Kernkraftwerke und Hochhäuser gelten extrem strenge Standards. Und wenn ein Pionierprojekt ansteht, wird von den Ingenieuren erwartet, dass sie die amtlichen Vorschriften übererfüllen.

Das jüngste Beispiel ist der neue Tokyoter Fernsehturm, der bei Fertigstellung 2012 der höchste freistehende Turm der Welt sein wird. Die Konstruktionspläne des 634 m hohen *Sky Tree* basieren auf der Annahme, dass der Turm einem Erdbeben mit dem Epizentrum direkt unter Tokyo sowie Windböen von 70 m pro Sekunden standhalten können muss. Das soll mit innovativen Lösungen erreicht werden, die traditionelle Bauweisen mit biologischen Prinzipien verbinden. Die Pfeiler der Fundamente haben eine tiefragende Baumwurzelstruktur, deren Knotennetz für eine Verankerung mit großer Widerstandskraft sorgt. Der Turm selbst ist nach dem Bauprinzip einer buddhistischen Pagode modelliert: der tragende Innenturm (*Shimbashira*) wird von einen ornamentalen Außenturm ummantelt. Ölhydraulische Verbindungen zwischen den beiden Türmen und interagierende Bewegungen beider Türme neutralisieren die durch Wind oder Erdstöße verursachten Schwingungen und Pendelbewegungen. Der obere Teil des Sky Tree mit einer Aussichtsplattform fungiert als natürliches Gegengewicht. Diese neue Konstruktionsweise wird als *Shimbashira-Seishin* (Zentralpfeilerschwingungskontrolle) in die Annalen der Technikgeschichte eingehen.

88. Wer baut die besten Autos? 2007 war es geschafft: Toyota Motor Corporation war der größte Autohersteller der Welt. Honda, Nissan und Suzuki sind angesehene Marken. Schon seit Jahrzehnten stehen sie für gute Qualität, Zuverlässigkeit und Sparsamkeit und haben so zu dem Ruf beigetragen, dass japanische Autos die besten der Welt sind. Eine relativierende Bemerkung ist hier am Platze. Fast alle Autos, die heutzutage gebaut werden, sind zuverlässig und von guter Qualität. Die Unterschiede sind immer kleiner geworden, sagt J.D. Powers, das einflussreichste Marktforschungsunternehmen für Autos. Das liegt an der Ausgereiftheit des Produkts Auto, an der weltweiten Standardisierung und an der Produkthaftung der Hersteller. Kein Hersteller kann sich ein schlechtes Auto leisten. Wer die besten Autos baut, ist also nicht so einfach zu sagen. Aber dass die japanischen Autohersteller die Entwicklung in Bezug auf Qualität, schnellere Produktion und Sparsamkeit in den letzten Jahrzehnten anführten, ist ein Faktum. Als die ersten Corollas, Honda Civics und Datsuns (jetzt Nissan) in Europa und Amerika auf den Markt kamen, fielen sie durch ein gutes Preis-Leistungs-Verhältnis und geringen Benzinverbrauch auf. In den 1980er und 1990er Jahren besetzten sie auf den Ranglisten der besten Autos Jahr um Jahr die höchsten Plätze. Ihr Marktanteil wuchs dementsprechend. Die alten Konkurrenten und die neuen Hersteller aus Südkorea kamen in Zugzwang, was zur weltweiten Qualitätsnivellierung auf hohem Niveau führte.

Auf einem Gebiet sind die japanischen Hersteller ihren Konkurrenten immer noch voraus, und zwar beim umweltfreundlichen Auto. 1999 machte Toyota mit dem Hybridauto Prius den mutigen Schritt zu einem kombinierten Antrieb mit Otto- und Elektromotor. Honda folgte kurz darauf. Als 10 Jahre später die ersten nicht-japanischen Hybridautos auf den Markt kamen, hatte Toyota schon mehr als 16 Modelle auf Hybrid umgestellt. Auch was die Einführung der Elektro-Autos angeht, ist Japan führend. Mitsubishi und Subaru produzierten 2009 die ersten Elektro-Kleinwagen, und Nissan vollzog den Einstieg 2010 mit der Massenproduktion des Elektroautos Leaf, das gleichzeitig in Japan, Europa und USA auf den Markt kam. Der Erfolg dieser Null-Emissions-Autos muss sich noch erweisen, denn der Preis und die noch dürftige Infrastruktur hemmen den Verkauf. Doch schon ist die Konkurrenz den japanischen Herstellern auf den Fersen, und zwar weniger in Deutschland und USA als in China, wo die heimische Automobilindustrie mit staatlicher Unterstützung innerhalb weniger Jahre von Null zum höchsten Stand der Technologie vordringt, indem sie mit aller Kraft Forschung für die übernächste Generation von Autos betreibt. Jetzt sind die japanischen Hersteller in Zugzwang.

89. Warum strebt Japan weiter nach einem Schnellen Brüter? Ein schneller Brutreaktor (SBR) ist ein Kernkraftwerk, das mehr spaltbares Plutonium produziert, als es verbraucht. Schnelle Brüter liefern 60 Mal so viel Energie wie konventionelle Leichtwasserreaktoren, wobei sie das selbst erzeugte Plutonium als Brennstoff verwenden können. Letzterer kann jedoch auch – und deshalb sind SBR sehr umstritten – zur Herstellung von Atomwaffen dienen. Das Interesse an SBR ist so alt wie die Atomforschung, aber 60 Jahre Anstrengung und Investitionen von 100 Mrd. US-Dollar weltweit haben bis jetzt keinen SBR für die kommerzielle Stromerzeugung hervorgebracht. SBR sind technisch kompliziert, teuer, unfallanfällig und produzieren waffenfähiges Plutonium. Deutschland, Frankreich, England und die USA haben deshalb von ihren SBR-Programmen Abstand genommen; Japan jedoch arbeitet weiter daran. Die japanische Regierung hat wiederholt bestätigt, dass der SBR zu Japans «wichtigsten Technologien» gehört. Bis spätestens 2050 soll ein kommerziell nutzbarer SBR verfügbar sein.

Die ursprünglich 1956 formulierte Begründung für Japans SBR-Forschung gilt unverändert. Der SBR ermöglicht die selbständige Energieproduktion, einerseits durch die Erzeugung von Plutonium und andererseits, indirekt, durch die Erzeugung von Wasserstoff. Japan hat sich 1967 per Gesetz darauf festgelegt, Technologien für einen geschlossenen Brennstoffkreislauf zu entwickeln, ohne den der erzeugte Brennstoff nicht einsatzfähig gemacht werden kann.

Japan hat zwei Schnelle Brüter. Der Forschungsreaktor Jōyo funktioniert seit 1977. Er hat eine Kapazität von 140 Megawatt und arbeitet ungefähr an 30 von 100 Tagen. Der Prototypreaktor Monju mit einer Kapazität von 280 MW nahm 1994 den Betrieb auf. Nach nur knapp fünf Monaten verursachte ein Natriumleck im Kühlsystem einen Brand. Monju musste stillgelegt werden. Erst nach einem langen Genehmigungsverfahren und komplizierten Reparaturen nahm der Reaktor 2010 probeweise den Betrieb wieder auf.

Neben der Risikoanfälligkeit der SBR-Anlage bleiben auch beim Brennstoffkreislauf Probleme ungelöst. Die Brennstäbe für SBR bestehen aus einem Mischoxid aus Plutonium- und Uran (MOX), das aus abgebrannten Brennstäben gewonnen wird. Letztere kommen aus Japans konventionellen Kraftwerken und zukünftig ggf. aus dem SBR. Bei der Wiederaufbereitung der alten Brennelemente gewinnt man waffenfähiges Plutonium, das zu MOX gemacht werden kann. Die Lagerung von Plutonium stellt ein Risiko dar, da nicht nur Japan selbst damit Atomwaffen herstellen könnte, sondern es auch in falsche Hände fallen könnte. Japan hat zurzeit eine kleine Wiederaufbereitungsanlage; eine große befindet sich in der Testphase. Eine MOX-Fabrik ist für 2012 geplant. Deswegen sind in Japan momentan 10 Tonnen waffenfähiges Plutonium gelagert. In Wiederaufbereitungsanlagen im Ausland liegen weitere 60 Tonnen Plutonium, die Japan gehören.

Nach dem Monju-Unfall wurde der Forschungsetat für SBR drastisch reduziert. Er macht nur noch 10 % des Haushalts für Kernenergieforschung aus (gegenüber 35 % in den 1970er Jahren). Das SBR-Programm genießt nicht mehr höchste Priorität; denn tatsächlich braucht Japan keinen Brennstoffbrüter. Uran ist billig und reichlich vorhanden, und Japans Atomkraftwerke erzeugen genug Plutonium aus alten Brennstäben, um MOX für konventionelle Kernkraftwerke herzustellen. Die SBR-Forschung läuft dennoch auf halber Flamme weiter. Der großzügige Zeithorizont bis 2050 deutet darauf hin, dass es dabei vor allem um die Bewahrung des Know-how geht, um im Falle zukünftiger Versorgungsengpässe eine Alternative zu haben.

90. Welche alternativen Energiequellen will Japan erschließen?
Japan hat den Kampf gegen die Treibhausgase zu einer vordringlichen Aufgabe gemacht. Unter dem Slogan «Challenge 25» hat es eine Reduktion von 25 % bis 2020 angekündigt. Erreicht werden soll das in erster Linie durch den vermehrten und rationelleren Einsatz von Kernkraft. Erneuerbare Energien spielen eine geringere Rolle. Sehr stark engagiert sich Japan aber für die Minimierung des Energieaufwands. Entwicklungen auf diesem Gebiet wird hohe Priorität eingeräumt, auch im Hinblick auf Technologieexport.

Da sich die Investitionen in die Atomkraftforschung irgendwann amortisieren müssen, genießen alternative Energiequellen nicht viel politische Unterstützung. Die Kraftwerkbetreiber, die selbst massiv in Kernkraft investiert haben, stehen ihnen allemal skeptisch gegenüber. Mit wasserbetriebenen Turbinen einer Kapazität von 47 Gigawatt werden bereits seit Jahrzehnten etwa 3 % des Strombedarfs gedeckt, aber Wasserkraft ist wegen der sumpfigen Stauseen nicht umweltneutral. Bei der Nutzbarmachung von Sonnenenergie war Japan bis 2004 führend, und zwar sowohl bei Sonnenwärme-Anlagen als auch bei photovoltaischen Anlagen, aber als die Regierung 2005 die Subventionen für Sonnenenergie kürzte, ging die Nachfrage zurück. Seit 2009 läuft wieder ein Förderprogramm, mit dem die Solarstromproduktion bis 2020 auf 29 Gigawatt verfünffacht und bis 2030 nochmals auf 100 Gigawatt gesteigert werden soll. Die auf diesem Gebiet tätigen Firmen Sharp, Kyocera, SolarFrontier, Honda und Mitsubishi bauen ihre Kapazitäten aus, aber der Wettbewerb mit chinesischen und deutschen Herstellern ist stark. Die Nutzung der Windenergie ist in Japan mit klimabedingten Schwierigkeiten konfrontiert, nämlich mit den häufigen Taifunen, die Windstärken bis zu 300 km/h haben können. Das hat japanische Hersteller dazu gezwungen, nach starken Materialien und unkonventionellen Windrotoren zu suchen, die auch für Meeresströmungskraftwerke eingesetzt werden können. Genehmigungen wurden bisher aber nur selten erteilt. Die vielen heißen Quellen ließen die Ausbeutung geothermischer Energie erwarten. Große Kraftwerke sind in der Entwicklung, die jedoch durch das hohe Erdbebenrisiko erschwert wird. Wohnhäuser werden erst in jüngster Zeit in nennenswertem Umfang mit Erdwärme beliefert. Dank des technischen Fortschrittes bei Wärmepumpen verzeichnet Japan auf diesem Sektor große Zuwächse.

Zurzeit ist Japan noch zweitgrößter Brennstoffimporteur der Welt, aber im Hinblick auf alle Aktivitäten japanischer Firmen im Bereich neuer und erneuerbarer Energien spricht das Ministerium für Wirtschaft, Handel und Industrie (METI) bereits hoffnungsfroh von Japan als Energieexporteur. Theoretisch könnte Japan, wie eine Studie des Aachener *Institute for Sustainable Solutions and Innovations* 2003 gezeigt hat, ohne Brennstoffimport auskommen. Ohne Einschränkung des Lebensstandards und der Wirtschaftsaktivität könnte Japan ganz auf erneuerbare, nachhaltige Energien umschalten, wenn die hochentwickelten Energieeffizienztechnologien mit dem intensiven Ausbau von Sonnen-, Wind-, Biomasse- und Wasserstoffanlagen kombiniert würden. Wie viel eine solche Umstellung kosten würde, verraten die Forscher freilich nicht.

Kultur

91. Was verbindet Japan mit China? Die konfliktreichen neuzeitlichen Beziehungen beider Länder, ihre unterschiedlichen Entwicklungsniveaus, die andersgearteten politischen Systeme und verschiedenen Positionen im internationalen Kräftespiel lassen die engen Beziehungen zwischen Japan und China manchmal in Vergessenheit geraten. Sie beruhen auf der gemeinsamen Kultur.

Eineinhalb Jahrtausende war die chinesische Kultur für Japan das Vorbild eigener kultureller Gestaltung. Die Japaner schreiben mit chinesischen Zeichen. Die beiden Kana-Syllabare, die sie außerdem benutzen, sind von jenen abgeleitet. Die Schrift ist die Grundlage der höher entwickelten Kultur. Mit ihr kamen Literatur, Religion, Philosophie und Recht von China nach Japan. Konfuzianismus und Buddhismus haben Japan durch und durch geprägt, von den sublimsten Formen der Kunst bis zu den alltäglichen Verrichtungen. Bis 1873, als sie den gregorianischen Kalender übernahmen, lebten die Japaner nach dem chinesischen Kalender, der für bestimmte Zwecke wie das Horoskop noch heute benutzt wird.

Die als Wege bezeichneten Künste und Kampfsportarten, die oft vor allem mit Japan assoziiert werden, stammen aus China (chinesisch *dao*, japanisch *dō*, «der Weg»): *Shodō*, Kalligraphie, *Kadō*, Blumenstecken, *Sadō*, Teezeremonie, *Kyūdō*, Bogenschießen. Immaterielle kulturelle Inhalte und Normen, Vorstellungen von Moral und vom gesitteten Leben, das Verhältnis der Menschen zueinander, zu den Vorfahren und zu den Göttern und Geistern weisen sehr weitreichende Übereinstimmungen auf, die alle in dem profunden Einfluss der chinesischen auf die japanische Kultur begründet sind.

Japaner pflanzen wie Chinesen Reis auf Nassfeldern an und essen wie jene mit Stäbchen, ein Detail, das jedoch vielfältige Folgen für die Lebensweise hat. Tatsächlich wird die sinozentrische Welt oft als die Kultur der Essstäbchen und der chinesischen Schrift beschrieben, denn diese beiden Werkzeuge definieren Rahmenbedingungen des körperlichen und geistigen Wohlbefindens, und sie sind allgegenwärtig. Die Ausprägungen der chinesischen und der japanischen Kultur sind von innen betrachtet außerordentlich vielfältig, aber chinesische Zeichen und Stäbchen sind tragende Säulen.

Die konfuzianische Gesellschaftsordnung, nach der Japan bis in die Moderne lebte, ist wie der Buddhismus ein kultureller Fundus, den Japan mit China teilt. Das bedeutet nicht, dass Japans Kultur nicht originell wäre, aber die Folie, auf der sie sich entwickelt hat, ist die chinesische Kultur.

Aufgrund dieses gemeinsamen Erbes gibt es zwischen Japan und China ein tiefes Verständnis, das unabhängig von politischen Differenzen und wirtschaftlichen Unterschieden ist. Man weiß voneinander, wie man in der Welt steht, was das Leben bedeutet und was der Tod. Über die Grundbedingungen der menschlichen Existenz hat man gemeinsame Vorstellungen.

Heutzutage ist das Verhältnis Japans zu China zwiespältig. In der Meiji-Zeit wandten sich die Japaner dezidiert von China ab, um einen eigenen Weg in die Moderne zu gehen, auf dem sie schneller vorankamen als die Chinesen. Dazu gehören auch Japans Expansion aufs Festland und seine Beteiligung an der Aufteilung Chinas durch die imperialistischen Mächte, die für China wegen der kulturellen Nähe eine viel größere Kränkung war, als die, die ihm durch die Europäer zugefügt wurde. Der Wunsch, von den «zivilisierten» Ländern der westlichen Welt als ebenbürtig anerkannt zu werden, ließ viele Japaner ihr chinesisches Erbe geringschätzen, aus der Welt schaffen konnten sie es nicht.

92. Welche Feste feiern die Japaner? Am 1. Januar beginnt heutzutage in Japan das Jahr und damit der Zyklus der Feste und Feiertage. Neujahr, *Oshōgatsu*, ist das wichtigste aller Feste, ein fröhlicher Anlass, der im Kreis der Familie begangen wird, von vielen mit einem Gang zum Tempel. Erst seit in Japan 1873 der gregorianische Kalender übernommen wurde, begrüßt man das neue Jahr am 1. Januar. Früher, nach dem chinesischen Kalender, war Neujahr ein beweglicher Feiertag an Neumond zwischen dem 21. Januar und dem 19. Februar, denn der Lunisolarkalender musste immer wieder durch Schaltmonate an das Sonnenjahr bzw. den für den Landbau so wichtigen Jahreszeitenzyklus angepasst werden. Nach ihm richteten sich von alters her die Feste: die Tagundnachtgleiche im Frühling und im Herbst, die Sommersonnenwende, der Winteranfang.

Noch heute werden in Japan, vor allem in ländlichen Gegenden, manche Feste nach dem alten Kalender gefeiert, z. B. *Koshogatsu*, das kleine Neujahr, am ersten Vollmond nach Neujahr. In vormoderner Zeit gab es am Hof nach chinesischem Vorbild ein Yin-und-Yang-

Amt, dessen Beamten, Astronomen und Astrologen, den Kalender und das Horoskop berechneten. Sie legten die saisonalen Feste und die offiziellen Feiertage (*nenjūgyōji*) fest, eine äußerst wichtige Aufgabe, da durch sie der Rhythmus des Lebens der Menschen bestimmt und festgesetzt wurde, wann und was es zu feiern galt. Die Kalenderbeamten (*koyomi hakase*) standen in hohem Ansehen, denn sie verkörperten die enge Verbindung von Gelehrsamkeit, Gottesdienst und weltlicher Macht. Durch ihre Arbeit entstand über die Jahrhunderte eine das Jahr gliedernde Abfolge von Festtagen. Neben den offiziellen *nenjūgyōji*, die vor allem am Hof begangen wurden, gab es die auf die Landwirtschaft bezogenen shintōistischen Volksfeste (*matsuri*). Da Kalender ihrer Natur nach konservativ sind, werden sie auch heute noch gefeiert, obwohl nur noch 5 % der Werktätigen in der Landwirtschaft beschäftigt sind.

Allerdings hat es verschiedene Anpassungen an die industrielle Gesellschaft gegeben. So sind etwa einst an ein Datum gebundene Feiertage wie der Volljährigkeitstag - früher am 15. Januar - auf Montage gelegt worden, um lange Wochenenden zu schaffen. Der heutige Kalender beinhaltet jeden Monat zwei bis drei Feiertage, so etwa Frühlingsanfang nach dem alten Kalender (*setsubun*) am 3. Februar und der Reichsgründungstag (*kenkoku kinenbi*) am 11. Februar. Am 3. März ist das Puppenfest (*hina matsuri*) für die Mädchen. Die größte Häufung von Feiertagen ist in der sogenannten goldenen Woche Ende April, Anfang Mai, die am 29. April mit *Shōwa no hi*, dem Geburtstag des Shōwa Tennō, beginnt und außerdem den Verfassungstag am 3., den Tag des Grünen am 4. und den Kindertag am 5. Mai enthält.

Farbenprächtig ist das romantische Tanabata-Fest am 7. Juli, das nach einer chinesischen Legende einer unglücklichen Liebe gedenkt. Ein wichtiger buddhistischer Feiertag folgt Mitte August: das Bon-Fest zum Gedenken an die Vorfahren der Familie. Im September, am dritten Montag des Monats, werden der Tag des Respekts vor dem Alter und die Herbsttagundnachtgleiche gefeiert. Am zweiten Montag im Oktober ist Sporttag und am 3. November der Tag der Kultur (Geburtstag des Meiji-Tennō). *Shichi-go-san*, «Sieben-fünf-drei», am 15. November ist wie der Volljährigkeitstag im Januar ein Festtag, der einem bestimmten Lebensalter gewidmet ist. Drei- und fünfjährige Jungs und drei- und siebenjährige Mädchen werden bei dieser Gelegenheit fein gekleidet von ihren Eltern zum lokalen Schrein begleitet. Der letzte offizielle Feiertag im November ist der Tag des

Danks für die Arbeit (*kinrō kansha no hi*) am 23. November. Einen Monat später, am 23. Dezember, ist der Geburtstag des gegenwärtigen Tennōs. Neben diesen im ganzen Land geltenden Feiertagen gibt es eine Fülle lokaler Feste, zum Teil große folkloristische Ereignisse wie das Gion Matsuri in Kyoto im Juli, das viele Touristen anlockt. Christliche Feste wie Weihnachten und Ostern sind keine offiziellen Feiertage, werden aber ebenso wie der Valentinstag im Februar vom Kommerz gern und mit Erfolg wahrgenommen.

93. Woher kommt Japans Badekultur? Heiße Quellen kommen bereits in Japans ältesten Schriften vor. Im *Kojiki*, «Aufzeichnungen alter Begebenheiten» (712 u. Z.), wird das Kurbad Muro, heute Shirahara in der Präfektur Wakayama, wegen seiner heilsamen Quellen empfohlen. Auch aus dem 8. Jahrhundert stammen die *Fudoki*, Berichte über Natur und Geologie der damals rund 60 japanischen Provinzen, in denen u. a. auch natürliche Heilquellen erwähnt werden. Der vulkanische Boden lässt mineralhaltige Wasser im ganzen Land aus hunderten von Brunnen an die Oberfläche treten, die die Japaner von alters her für Entspannung und Heilung aufsuchen.

Die Quellen bzw. die bei ihnen errichteten Bäder heißen *Onsen*, «heiße Quellen». Es gibt immer noch solche, auch an entlegenen Orten in der freien Natur, die nur ein Bad sind, mit oder ohne Überdachung, aber die meisten sind mit Gasthöfen (*ryokan*) oder Hotels verbunden. In moderner Zeit ist daraus ein wichtiger Teil der Tourismusindustrie geworden. Nach dem Thermalbadgesetz von 1948 werden als *Onsen* nur Quellen anerkannt, die mindestens 25 °C warm sind und oder bestimmte Mineralien enthalten. Eine Quelle, deren Wasser Mineralien in einer bestimmten Menge enthält, kann demnach als *Onsen* gelten, auch wenn die Temperatur, mit der das Wasser austritt, weniger als 25 °C misst. Eine heilende Wirkung wird den Quellen schon lange zugeschrieben, seit der Gründung des Medizinischen Instituts für Bio-Regulierung der Universität von Kyūshū 1931 wird sie wissenschaftlich untersucht. In ganz Japan gibt es rund 2300 *Onsen*, wovon einige Dutzend vom Gesundheitsministerium als Heilquellen anerkannt sind. In dem 1979 novellierten Thermalbadgesetz werden nach chemischer Zusammensetzung neun mineralhaltige Quellen unterschieden, denen therapeutische Wirkungen attestiert werden. Im Unterschied zu europäischen Kurbädern werden *Onsen* von japanischen Touristen gewöhnlich nur für ein oder zwei Tage besucht, zum

Ausspannen in schöner Umgebung mit gutem Essen. Der therapeutische Effekt solcher Kurzbesuche ist minimal. Ein Ausflug ins *Onsen* bedeutet hauptsächlich Vergnügen. Kurbäder, die auf längere Aufenthalte der Gäste eingestellt sind, gibt es nur wenige.

An manchen Orten werden die heißen Quellen auch verwendet, um private Haushalte zu versorgen sowie die öffentlichen Badehäuser (*sentō*), die es früher in jedem Ort gab, deren Zahl im Zuge der Verbreitung des Bads im eigenen Haus jedoch stark zurückgegangen ist. Das tägliche Bad ist ein Teil der japanischen Reinlichkeitskultur, der sich in den Badehäusern ebenso wie in den *Onsen* manifestiert. Beide sind jedoch nicht nur ein Ort der Körperpflege, sondern auch ein solcher der Kommunikation, denn ins Bad geht man nicht allein. Man benutzt gemeinsam einen großen Waschraum, wo man sich gründlich reinigt, bevor man ins Bad steigt. Das ist eine Umgebung, in der Unterschiede, etwa zwischen Arm und Reich, eingeebnet werden; jedenfalls pflegen viele Japaner diese Vorstellung von der egalisierenden Atmosphäre des kollektiven Bads. Die Unterhaltung zu suchen, einander anzusprechen, ist nicht anstößig. Heute werden heiße Quellen und Badehäuser gewöhnlich nach Geschlechtern getrennt frequentiert, früher, bevor sich der puritanische Einfluss während der Meiji-Zeit in Japan Geltung verschaffte, war das unüblich. An manchen Orten gibt es noch gemischte Bäder (*konyoku*), und viele *Ryokan* haben kleinere Bäder, die Familien benutzen können.

94. Wie heißt der älteste Roman der Weltliteratur und wie der erste Handy-Roman? Politische Intrigen, romantische Sehnsüchte und erotische Verstrickungen – das ist der Stoff, aus dem Japans erster epischer Roman, viele sagen: der erste Roman der Weltliteratur, ist, die Geschichte vom Prinzen Genji (*Genji monogatari*), verfasst im Heiankyō, dem heutigen Kyoto, des 11. Jahrhunderts von der kaiserlichen Hofdame Murasaki Shikibu. Die endlosen Affären des kaiserlichen Prinzen Genji, der von dem Bett einer Schönen in das der nächsten sprang, kleidete sie in eine Prosa, die richtungweisend für die Entwicklung der japanischen Sprache wurde. Das *Genji monogatari* ist ein Klassiker der japanischen Literatur, dessen Faszination ungebrochen ist. Die von der Schriftstellerin und buddhistischen Nonne Jakusho Setouchi zum tausendjährigen Jubiläum des Werks angefertigte Übersetzung in die Sprache der Gegenwart erreichte eine Verkaufsauflage von über 2 Mio. *Genji* ist etwas Besonderes, eine Ikone der japanischen

Kultur, die in allen Medien bearbeitet wurde, von der klassischen Bildschriftrolle über Verfilmungen, Manga, Anime bis hin zur Oper. Insofern ist der Erfolg der modernen Adaptation nicht überraschend, aber große Auflagen literarischer Werke sind keine Seltenheit. Die ersten beiden Teile von Haruki Murakamis 2009 erschienenem Roman «1Q84» brachten es binnen Jahresfrist auf eine Verkaufsauflage von 2,4 Mio. Vom dritten Teil wurden am Tag des Erscheinens 500 000 Exemplare verkauft.

Die Japaner sind ein belesenes Volk, erfreuen sich an der schönen Literatur, vertrauen auf Buchwissen und lesen insgesamt sehr viel. Tageszeitungen erscheinen in Millionenauflage: *Yomiuri* 10 Mio., *Asahi* 8 Mio., *Mainichi* 4 Mio. In Japan erscheinen täglich mehr als 200 neue Bücher, der Buch- und Zeitschriftenmarkt hat ein Volumen von über 2 Billionen Yen (ca.18 Mrd. Euro) (2008). Das sind stolze Zahlen. Aber sie sind rückläufig. Tatsächlich spricht die Branche vom «2 Billionen-Schock», nämlich der mit Büchern inklusive Bildbänden und Comics erwirtschafteten Umsatzsumme von 2008, die ein Minus von 3 % gegenüber dem Vorjahr darstellte und einen Abwärtstrend fortsetzte: über 20 % Schrumpfung des Marktes in einem Jahrzehnt.

Wie überall ist das Verlagswesen auch in Japan im Umbruch. Der Markt elektronischen und webbasierten Lesestoffs expandiert rapide auf Kosten traditioneller Druckerzeugnisse. Seit 2003, als wichtige Anbieter einen Pauschaltarif für den Internetzugang einführten, hat sich der Trend verstärkt. Autoren, Verlage und Handel stellen sich darauf ein. 2006 gab es 173 elektronische Buchläden, 2009 waren es 844. Und der Umsatz des elektronischen Buchmarkts wächst entsprechend, mit weitreichenden Folgen für die Lesekultur.

Das Verlagsgeschäft hatte die Zeichen der Zeit besonders schnell erkannt. Bereits 2007 gaben japanische Konsumenten allein 20 Mio. Euro für Manga online aus. Einer Bestätigung, dass Comics eine ernstzunehmende Sache sind, hätte es kaum bedurft, aber diese Zahl verdeutlicht, dass Literatur in Text und Bild im Internet inzwischen eine bedeutende Präsenz hat. Japans wichtigste Wirtschaftszeitung Nikkei schätzt den Umsatz von E-Books auf 5 Mrd. Yen (ca. 46 Mio. Euro). Auslöser dieser Entwicklung war in Japan das *Keitai*, ein multifunktionales Mobiltelefon, das schon seit 1999 mit Internetzugang ausgerüstet ist. Bald boten mehrere Hersteller Geräte mit extra großen Displays an, speziell für das Lesen von E-Books. Bei diesen handelt es sich nicht nur um die Wiedervermarktung auf herkömmlichem Wege entstandener Werke. Das Medium hat ein neues Genre entstehen lassen, *keitai shōsetsu*, den Handyroman, der nicht nur auf dem Display gelesen, sondern auch mit dem Mobiltelefon geschrieben wird.

Handyliteratur ist Massenware und daher kommerziell interessant. Den Anfang machte Yoshi 2000 mit «Deep Love», womit sie im Jahr 1 des Handyromans, noch konkurrenzlos, 20 Mio. Zugriffe erzielte. Sie schrieb weitere sieben Folgen ihres Romans. 2005 brachte es Mika Naitos Romanze «Liebeshimmel» im Wettbewerb mit vielen anderen immerhin auf 1,5 Mio. bezahlte Zugriffe in fünf Monaten, zu viel, um Schrifttum dieser Art mit verächtlichem Naserümpfen abzutun. Manche Kritiker preisen es wegen seiner Unmittelbarkeit und Nähe zur Alltagssprache, die sie auf das Schreiben en passant – auf dem Weg zur Arbeit, im Café, auf der Parkbank – zurückführen. Und das Urteil des Publikums ist eindeutig: Die Hälfte der zehn meistverkauften Romane 2008 wurde auf einem Mobiltelefon geschrieben.

Die junge Generation nimmt Lektüre aller Art digital und zunehmend mit dem Mobiltelefon auf. In der Erschließung des virtuellen Raums war Japan Pionier, denn das Keitai bot 10 Jahre vor dem i-Phone Internetzugang und ein reiches Inhaltsangebot.

95. Warum spielen europäische Orchester gern in Japan? Yamaha ist heute der größte Klavierhersteller der Welt, und auch Kawai ist eine globale Firma, die Musikinstrumente aller Art produziert: Flügel, Streichinstrumente, Blasinstrumente und Schlagzeuge, alles Instrumente für europäische Musik. Groß geworden sind diese beiden Firmen auf dem heimischen Markt, denn obwohl die Japaner die klassische Musik erst in der Meiji-Zeit kennenlernten, ist Japan heute auf diesem Gebiet eine Großmacht. Die Japaner haben die klassische Musik zu einem Teil ihrer eigenen künstlerischen Kultur gemacht.

Der Musikunterricht an Schulen ist von guter Qualität. Alle Lehrkräfte der Kindergärten und Grundschulen können Klavier spielen, um Gesang zu begleiten. Alle Kinder lernen Noten lesen und verschiedene Instrumente zu spielen. Viele Kinder nehmen außerhalb der Schule noch vertiefenden Unterricht auf einem Instrument. Dank der Suzuki-Methode, benannt nach ihrem Erfinder Shinichi Suzuki, ist die Auffassung verbreitet, dass jedes Kleinkind ein Instrument lernen kann. Ihr Erfolg hat diese Schule international bekannt gemacht. Viele Tausend Kinder lernen in Japan nach Suzuki, aber noch viel mehr besuchen andere Musikschulen oder private Lehrer. Chöre und Laienorchester gibt es in jeder Stadt, und die professionellen Solisten und Orchester können sich mit den besten der Welt messen. Die Verbreitung von Musikerziehung in Japan ist umfassend, was zur Folge hat, dass das Niveau der musikalischen Bildung außerordentlich hoch ist.

Dementsprechend gut und reichhaltig ist das Angebot an klassischen Konzerten. Die besten Orchester und Solisten der Welt gastieren gern und so oft sie können in Japan, und das nicht nur, weil ihnen hohe Gagen gezahlt werden. Was sie schätzen, sind vielmehr kompetente Kollegen, professionelle und zuvorkommende Veranstalter und ein ebenso begeisterungsfähiges wie sachkundiges Publikum. Musikalischen Sachverstand haben die europäischen Orchester auch zuhause, und gut bezahlte Tourneen unternehmen sie auch in andere Länder. Dass beides zusammen in so hohem Maße geboten wird, ist jedoch selten. Deshalb spielen sie gern in Japan.

96. Manga, Anime, Cosplay – was steckt dahinter? Japan hat eine lange Tradition graphischer Kunst, die handwerkliches Können, Liebe fürs Detail, Einfallsreichtum, Themenvielfalt und den besonderen Blickwinkel miteinander verbindet. Nach den entbehrungsreichen Jahren des Zweiten Weltkriegs trieb diese Tradition neue Blüten, es entstand das moderne Manga. Mit dem Roboterjungen Astro Boy und der patenten Hausfrau Sazae-san erschufen Osamu Tezuka bzw. Machiko Hasegawa zwei Symbolfiguren, die Generationen von Japanern über Jahrzehnte begleiteten. Viele andere Zeichner wandten sich in den 1950er Jahren dieser Kunstform zu, schufen ein Panoptikum von Charakteren und ließen ein Genre entstehen, das zur Grundlage einer Großindustrie wurde, obwohl es anfänglich als subkulturelle Randerscheinung galt, der wenig Respekt gezollt wurde.

«Manga» bedeutet ursprünglich Karikatur, witzige Zeichnung, aber inzwischen ist das Spektrum der Bildergeschichten viel breiter. 1999 beinhaltete eine große Ausstellung von Manga der frühen Jahre in Tokyo folgende Kategorien: Humor, Science Fiction, Horror, Held/Heldin, Maschinen und Giganten, Jungen-Manga, Mädchen-Manga, Phantasie, Kult und Liebe. In den 1980er Jahren kam das Sach-Manga dazu. Shotaro Ishinomoris bebilderte «Einführung in die japanische

Wirtschaft» wurde von Japans größter Wirtschaftszeitung *Nihon Keizai Shimbun* verlegt. Das war einer von vielen Schritten, die zur kulturellen Anerkennung von Manga führten. Manga wurde in Japan zu einem wichtigen Massenmedium mit riesigen Auflagen. Monatlich erscheinen ca. 300 Manga in Zeitschriften und in Buchform mit Auflagen bis 500 000. Den Rekord hält das Piraten-Manga *One Piece*, dessen Band 57 der Verlag Shueisha im Januar 2010 mit einer Startauflage von 3 Mio. herausbrachte. *Shōnen Jump*, eine Wochenzeitschrift für Jungen, die seit 1968 erscheint, erreichte in den 1990er Jahren eine Auflage von 6 Mio. Inzwischen ist die Druckauflage rückläufig, aber dafür sind Manga zum wichtigsten Inhalt der Content Provider geworden, die elektronische Dokumente vermarkten. Manga sind schon lange keine Randerscheinung mehr, und die besten Zeichner genießen hohes Ansehen.

Manga, wie sie etwa Osamu Tezuka zeichnete, schildern oft Bewegungsabläufe in Bilderfolgen und Zoom-Fahrten, wie sie für den Film charakteristisch sind. Und nicht wenige Manga-Zeichner machten den Schritt zum Zeichentrickfilm (*Anime*). So wurde etwa aus Sakura Momokos Manga *Chibi Maruko-chan*, das als Buch eine Auflage von 2,4 Mio. hatte, gleich nach Erscheinen 1990 eine Anime-Serie. Themenspektrum und Zielgruppen von Anime sind ebenso breit wie die von Manga. Ihren Stoff beziehen die Zeichner und Produzenten, wo sie ihn finden können: aus der japanischen Literatur, chinesischen Geschichte, griechischen Sagen, europäischen Märchen. Manche europäischen Geschichten wie *Nils Holgersson*, *Pinocchio* und *Heidi* sind heute der jungen Generation auch in Europa primär durch das Medium japanischer Anime bekannt.

Mit der Adaption für Videospiele geht die Vermarktung von Manga und Anime weiter, weil die Firmen alle Möglichkeiten ausschöpfen. Verlage, Studios, Fernsehsender und Spielindustrie arbeiten vielfach schon bei der Produktion zusammen. Und weil ein großer internationaler Markt entstanden ist, werden Anime-Serien inzwischen von japanischen Sendern mit englischen Untertiteln versehen und auf kostenpflichtigen Internetseiten angeboten.

Die Gemeinde der Manga- und Anime-Begeisterten ist groß. Anfangs agierten sie nur amateurhaft in Schülerzirkeln und Studentenclubs, deren Mitglieder von einer Karriere als Manga-Zeichner träumten. Mit zunehmender Akzeptanz des Genres in der allgemeinen Kulturszene traten sie mehr in die Öffentlichkeit. Messen und Festivals wurden veranstaltet, Zeitschriften gegründet und Internetseiten für

Werben für ein Maid Café in Akihabara (Foto J.S.)

Fans eingerichtet, von denen viele sich nicht damit zufriedengaben, alles über das Genre, die Zeichner, die Geschichten und die Charaktere zu wissen, sondern selbst einen solchen verkörpern wollten. Seit Mitte der 1980er Jahre ist *Cosplay* (von englisch *costume play*) zu einem beliebten Hobby geworden, das darin besteht, Manga- und Anime-Figuren durch entsprechende Kostümierung darzustellen. Anfänglich vergnügten sich Jugendliche damit am Wochenende auf der Straße in bestimmten Tokyoter Stadtteilen wie Harajuku und Akihabara, aber schon bald zog dieser Zeitvertreib weitere Kreise und führte zu großen organisierten Treffen von Cosplay-Fans, die von Studios und Verlagen unterstützt und zum Anlass neuer Veröffentlichungen genommen wurden. Wie Manga und Anime blieb Cosplay nicht auf Japan beschränkt, sondern fand seinen Weg nach Europa und Amerika.

97. Was macht *Cool Japan* so cool? Malvorlagen, Stickrahmen, Sitzbezüge, Schulranzen, Spiele in großer Vielfalt, Armbanduhren, Portemonnaies, Notizblocks, Bleistifte, Anspitzer, Handtäschchen, Wecker, Regenschirme, Haarspangen, Ohrstecker, Kopfhörer - was gibt es nicht mit «Hello Kitty»?! Und wer kennt Hello Kitty nicht?! Die kleine weiße Katze mit der roten Schleife am Ohr wurde Anfang der 1970er Jahre von Yuko Shimizu entworfen und von der Firma Sanrio als Spielzeug für kleine Mädchen auf den Markt gebracht. Inzwischen sind die kleinen Mädchen groß geworden, und da sie ihrem Kindheitsidol treu blieben, erwirtschaftet Sanrio heute die Hälfte seines Profits mit Kitty-chan.

Hinter Hello Kitty verbirgt sich mehr als geschicktes Marketing, nämlich eine mächtige Konsumentengruppe, die Schulmädchen. Mit an die Waden geklebten «loose socks», auf Minilänge hochgekrempelten Schuluniformröcken und niedlichen Accessoires wie Hello-Kitty-Produkten trugen sie maßgeblich zum Entstehen einer neuen Popkultur bei, die von den Straßen im Tokyoter Stadtteil Shibuya ausgehend die Welt eroberte: *Cool Japan*. Nach dem Vorbild einer Werbekampagne der 1990er Jahre für «Cool Brittania» hat sich dieser Begriff als Bezeichnung dieser kulturellen Strömung durchgesetzt.

In mehreren aufeinanderfolgenden Wellen erwiesen sich immer wieder die Oberschülerinnen als Trendsetter. Sie färbten sich die Haare blond und wurden so zu «girls», auf Japanisch: *gyaru*. Der Tamagotchi-Boom 1996/97 geht auf sie zurück. Vor dem Bahnhof von Shibuya wurden die virtuellen Tierchen zunächst umsonst an die Schulmädchen verteilt, die aus ihnen durch Mundpropaganda einen Kult machten. Dann kamen die PHS-Pager und dann die Mobiltelefone. Die Mädchen verzierten sie mit Hello-Kitty-Anhängern und -Aufklebern und stilisierten sie zum Modeobjekt. Das Stichwort hieß *kawaii*, «niedlich». Und an ihren Treffpunkten führten sie einander ihre neuesten Einfälle vor, woraus die Street Fashion von Shibuya und Harajuku wurde.

Niedlich, stilisiert-kokett und ein bisschen albern, aber nicht geringzuschätzen – das Phänomen Hello Kitty verkörpert eine Entwicklung, die von initiativreichen Frauen vorangetrieben und getragen wird und eine neue Generation solcher Frauen hervorgebracht hat. Der Beitrag der Schulmädchen zu der Verbindung von Konsumismus mit dem Neuesten an Mode, Technik und Marketing, die sich zu *Cool Japan* verdichtet hat, ist nicht zu übersehen. Andere kommerzielle und Kulturprodukte, die nicht speziell diese Konsumentengruppe ansprechen, kamen hinzu: Pokemon und Dragon Ball gingen um die Welt. J-Pop-Bands und -Solisten sind fast überall in Asien populär. Manga werden in alle großen Sprachen übersetzt, in Deutschland die einzige Sparte des Buchmarkts, die großes Wachstum verzeichnet. Takeshi Kitanos Filme haben in Europa und Amerika eine riesige Fan-Gemeinde, und die künstlerischen Zeichentrickfilme aus dem Studio Ghibli sind nicht weniger berühmt. Vielen anderen japanischen Lifestyle-Elementen unterschiedlichster Art – Video-Spielen, Futons, Sushi-Restaurants, Architektur, Verbraucherelektronik, MUJI-Geschäften – haftet nicht mehr der Hauch des Exotischen an. Sie erfreuen sich überall auf der Welt so großer Beliebtheit, dass sie nicht nur Japans Image maßgeblich bestimmen, sondern zu einem wichtigen Wirtschaftsfaktor geworden sind.

Seit 2002 fördert die japanische Regierung *Cool Japan.* Das Außenministerium und das Ministerium für Wirtschaft, Handel und Industrie betrachten die Ausdrucksformen der japanischen Populärkultur als wertvollen Beitrag zur Verbreitung eines positiven Image Japans. Viele Elemente der Subkultur sind zu profitablen Produkten und den wichtigsten Werbeträgern von JETRO, der japanischen Außenhandelsorganisation, aufgestiegen. Die Japan Foundation veranstaltet als Teil ihres Kulturaustauschprogramms *Cool-Japan*-Monate mit *Kawaii*-Repräsentantinnen, Vorträgen und Lolita-Modeschauen. *Cool Japan* verkörpert mit einem Begriff des amerikanischen Politikwissenschaftlers Joseph Nye «soft power», ein Machtpotenzial, das wegen Japans militärischer Abstinenz umso bedeutender ist. Im Dezember 2003 schrieb Philippe Pons in der französischen Tageszeitung *Le Monde* einen Artikel über «Cool Japan: le Japon superpuissance de la pop». Die soziale Dynamik, die eine Massenkultur von internationaler Attraktivität hervorgebracht hat, erkannte er als ein Zeichen der Zeit: Japan nicht nur von den Wellen der Globalisierung überspült, die seine kulturelle Identität aushöhlen, sondern als eine «weiche Macht», die ihrerseits zur Globalisierung beizutragen hat. Tatsächlich ist das außerordentlich bemerkenswert, denn weltweit gibt es nicht viele Kulturen, die sich gegen die Amerikanisierung behaupten und einen Beitrag zur Gestaltung der Geschmacksbildung unter den Vorzeichen der Globalisierung leisten. Hello Kitty als globale Ikone und Kulturbotschafterin des heutigen Japans – Yuko Shimizu und Sanrio hätten vor 40 Jahren in ihren kühnsten Träumen nicht daran gedacht.

98. Wer trägt Kimonos, und was trägt man sonst? Das Straßenbild japanischer Städte wird von westlicher Kleidung bestimmt. Dem fremden Besucher springt ins Auge, wie gepflegt die Menschen aussehen. Japaner achten sehr auf ihr Äußeres, das sie durchaus nicht für eine Äußerlichkeit halten. Kleidung ist allenthalben mit der Darstellung der eigenen Person verbunden; in Japan gilt das in besonderem Maße. In der vormodernen Gesellschaft war an der Kleidung unmittelbar abzulesen, welchen sozialen Stand man hatte, welches Gewerbe man betrieb oder zu welchem Adelshaus man gehörte. Am Hof gab es von alters her eine detaillierte Kleiderordnung, die für die Höflinge jeden Ranges festlegte, welche Farben ihre Gewänder hatten, wie sie geschnitten waren und was für Kopfbedeckungen sie trugen. Seit der kaiserliche Hof in der Meiji-Zeit westliche Kleidung einführte, um ein Signal für die Modernisierung des Landes zu geben, ist die hergebrachte Kleidung immer mehr verdrängt worden. Das Image, das sie heute hat, ist zwiespältig: einerseits konservativ, andererseits exklusiv.

Kimono heißt «Kleidungsstück». Die Bedeutung des japanischen Worts ist viel breiter als die des deutschen Lehnworts, denn für Kimonos aus Baumwolle und aus Seide, mit kurzen und mit langen Ärmeln, für den Alltag und für festliche Anlässe gibt es eigene Wörter. Der Grundschnitt all dieser Arten von Kimonos ist einfach, alle Teile werden aus einer langen Stoffbahn geschnitten und mit wenigen geraden Nähten aneinandergenäht. Die Ärmel sind gerade angesetzt und verlaufen parallel zum Hauptteil, der bis an die Knöchel reicht. Die Seiten der vorne offenen Robe werden übereinandergeschlagen und mit einem Gürtel zusammengehalten. Bei einfachen Baumwollkimonos ist er u. U. aus dem gleichen Stoff, für feine Kimonos hingegen wird ein *Obi* verwendet, ein breiter schwerer Brokatstoff, der auf dem Rücken zu einer Schärpe gebunden wird.

Viele Kimonos sieht man bei feierlichen Anlässen wie Hochzeiten,

Trauerfeiern und dem Volljährigkeitstag. Im Alltagsleben werden sie nur in klar definierten professionellen Umgebungen getragen, z. B. vom Personal in Teegeschäften oder Soba-Restaurants, die ein traditionelles Image pflegen. Die Gelegenheit, bei der viele Menschen einen Kimono anziehen, ist das Bon-Fest im Hochsommer mit Straßenumzügen und Jahrmärkten an Tempeln. Die leichte Baumwoll-Yukata ist für viele, auch junge Menschen dafür das richtige Kleidungsstück. Ähnlich erfreut sich die Yukata an Badeorten großer Beliebtheit, wo die Hotels den Gästen eine solche zur Verfügung stellen, die sich damit bekleidet im Hotel, aber auch auf der Straße bewegen. Der Schnitt der Yukata, ebenso der von Kimonos im Allgemeinen, ist für beide Geschlechter gleich, im Gebrauch zeigen sich aber Unterschiede. Frauen sieht man häufiger im Kimono als Männer, und während man bei formellen Anlässen durchaus Paare treffen kann, wo die Frau im Kimono und der Mann im westlichen Abendanzug auftritt, kommt der umgekehrte Fall nicht vor.

Der Kimono ist heute kein gewöhnliches Kleidungsstück mehr. Bestimmte Aspekte dieses traditionellen Kostüms leben jedoch in der Mode fort, insbesondere in der Haute Couture. Japanische Modeschöpfer wie Kenzo, Issei Miyake, Hanae Mori, Yohji Yamamoto und Comme des Garçons sind unverwechselbar, weil sie Stilelemente traditioneller Gewänder verwenden und die große Aufmerksamkeit für Stoffdesigns sowie Farbkombinationen aus der Kimonowelt integrieren. Dabei ist es ihnen gelungen, eine Mode zu schaffen, die weder provinziell noch exotisch kokett ist und die Menschen im Westen ebenso anspricht wie in Japan. Für Modemacher aus aller Welt ist Tokyo heute ein Anziehungspunkt. Die Trends werden auf den Straßen Aoyamas gemacht, wo jeder zeigt, was er sich gerade ausgedacht hat. Der ganze Viertel dient als Laufsteg für ambitionierte Models und aufstrebende Modeschöpfer, die eine grenzenlos spielerische Originalität an den Tag legen. Neuigkeiten, Chic und Qualität findet man hier und in den kleinen Boutiquen mehr vor als in den großen Geschäften der berühmten Designer. Die Kultur, in der diese Mode entstanden ist, ist eine solche, in der viel Wert auf das Äußere gelegt wird, wo viele Menschen sich auch im Alltag so sorgsam kleiden, als träten sie auf die Bühne. Sie spielen sich selbst.

99. Was sind lebendige Nationalschätze? Künstler und Handwerker, die es in ihrem Metier zu großer Meisterschaft gebracht haben und sich durch besondere Leistungen hervorgetan haben, werden von der japanischen Regierung ausgezeichnet. Die so geehrten Personen werden in der Öffentlichkeit als «lebendige Nationalschätze» (*ningen kokuhō*) bezeichnet. Analog zum Denkmalschutz fördert der Staat durch ihre Protektion immaterielle Kulturgüter. Nach dem 1950 verabschiedeten Gesetz zum Schutz wichtiger Kulturgüter können als solche auch immaterielle Artefakte bzw. Techniken ausgezeichnet werden, wie sie in den darstellenden Künsten zu finden sind. Damit wird die Absicht verfolgt, die Weitergabe traditioneller Künste und Kunstfertigkeiten an künftige Generationen zu sichern. Die ausgezeichneten Individuen erhalten ein Stipendium auf Lebenszeit von jährlich 2 Mio. Yen.

Im Mittelpunkt dieses Kulturförderungsprogramms stehen einerseits traditionelle darstellende Künste, vertreten durch Individuen oder Gruppen, und andererseits traditionelle Kunsthandwerke. Im Einzelnen sind folgende Disziplinen vorgesehen:

Gagaku, die Musik des kaiserlichen Hofes, die mit ursprünglich aus China stammenden Instrumenten gespielt wird. Im Laufe der Jahrhunderte wurden autochthone Kompositionen mit einbezogen und die Aufführungspraxis dem japanischen Hofleben angepasst.

Nō (häufig *Noh*), das dramatische Tanztheater, das meist mit Masken und von einer Flöte, einigen Trommeln und einem Chor begleitet aufgeführt wird. Seine heutige stilisierte Form erhielt es im 14. Jahrhundert. Traditionell proben Darsteller, Musiker und Chor nicht zusammen. Dadurch ergibt sich bei jeder Aufführung aufs Neue eine interaktive Dynamik des Zusammenspiels. Heutzutage gibt es ca. 1500 professionelle Nō-Darsteller, zunehmend auch Frauen, die sich in fünf Schulen teilen.

Kabuki, das volkstümliche, spektakuläre Theater, das im 17. Jahrhundert in Kyoto entstand, wo es anfänglich nur von Frauen aufgeführt und außerordentlich populär wurde. Da die darum entstehende Subkultur als Bedrohung der guten Sitten betrachtet wurde, verbot die Regierung 1629 Frauen das Auftreten in dem neuen Theater, und *Kabuki* entwickelte sich fortan als ein Schauspiel, in dem alle Rollen von Männern gespielt wurden.

Bunraku, das 1684 in Osaka gegründete Puppentheater. Die Puppen sind von ungefähr halber Lebensgröße und benötigen zwei bis drei Puppenspieler, die sie schwarz verhüllt auf der Bühne führen. Manche Stücke wie die ikonische Geschichte der 47 Samurai wurden für *Kabuki* und *Bunraku* geschrieben oder bearbeitet. Das Nationale *Bunraku* Theater, hat seinen Sitz in Osaka. Diese Theaterform wurde 2005 in die UNESCO-Liste des immateriellen Weltkulturerbes aufgenommen.

Kumi odori (Gruppentanz), eine Art Ballett, das Anfang des 18. Jahrhunderts in Okinawa entstand, wobei einheimische, japanische und chinesische Elemente miteinander verbunden wurden. Die lange vergessene Tanzform wurde 1972, nachdem die Amerikaner Okinawa an Japan zurückgegeben hatten, als wichtiges immaterielles Kulturgut anerkannt.

Gefördert wird auch Musik, sowohl instrumental als auch vokal. Die wichtigsten Instrumente sind die dreisaitige *Shamisen*, die *Shakuhachi* (Bambusflöte), die *Koto* (mit 13 Saiten bespannte Wölbbrett-Zitter) und die *Biwa* (eine mit einem Plektrum geschlagene vier-, selten fünfsaitige Laute). *Jiuta* (wörtl.: lokale Gesänge) und *Nagauta* (wörtl. lange Gesänge) sind die wichtigsten Vokalmusikformen.

Hinzu kommt die Sprachkunst *Rakugo* (wörtl.: gefallene Worte), in der ein Geschichtenerzähler allein auf der Bühne sitzend in verschiedene Rollen schlüpft und so Episoden eines imaginären Dramas aufführt.

Vertreter traditioneller Kunsthandwerke, die nach dem Programm der lebendigen Nationalschätze gefördert werden, sind Töpfer, Weber und Färber, Lackschnitzer, Gold- und Silberschmiede, Puppenmacher und Papiermacher.

All dies sind traditionelle japanische Künste, deren Unterstützung im Sinne der Traditionspflege für besonders wichtig erachtet wurde. In jüngster Zeit werden auch Vertreter von Disziplinen berücksichtigt, die erst in moderner Zeit nach Japan gekommen sind, wie z. B. Glasbläserei.

Die Idee, immaterielle Kulturgüter durch die Auszeichnung von Individuen als lebendige Nationalschätze unter den Schutz des Staates zu stellen, wurde von anderen asiatischen Ländern aufgegriffen, Südkorea, Thailand und Philippinen, aber auch von Rumänien und Frankreich, wo in diesem Sinn 1994 der «Maître d'Art» eingeführt wurde.

100. Was essen die Japaner außer Sushi? Tokyo ist Spitze, eine Walhalla des guten Geschmacks. Das hat die größte Autorität auf diesem Gebiet, der Guide Michelin, den Speiselokalen der japanischen Hauptstadt 2009 mit 191 Sternen bescheinigt, mehr als dreimal so viele, wie ihm die Pariser Gastronomie wert war. Und andere japanische Städte wollen, was die gute Küche betrifft, keineswegs im Schatten Tokyos stehen. Überall isst man gut. Jeder Ort hat seine Spezialitäten, von den delikaten Königskrabben des Nordpazifiks in Hokkaido bis zu Schweineohren und Meerestrauben, eine Algenart, in Okinawa. Reis, Buchweizen, Sojasauce und *Miso*, fermentierte Bohnenpaste, aus der *Misoshiru*, die charakteristischste aller japanischen Suppen, gemacht wird, und nicht zu vergessen *Sake*, den Reiswein, gibt es in zahlreichen regionalen Varianten.

Bei aller Vielfalt hat die japanische Küche gewisse Merkmale, die sie von anderen unterscheidet: leicht mit wenig Fett in kleinen Portionen, viele frische Zutaten, die dem Gaumen nur durch mundgerechte Zerlegung und sparsame Würzung am Tisch schmeichelhaft gemacht werden, und dem Auge. Was der Gourmet schätzt, ist die Verbindung von Phantasie, höchster Genauigkeit, Verlässlichkeit der Qualität und Kunstfertigkeit des japanischen Kochs, der sich als stolzer Erbe einer großen Tradition versteht. Augenfällig ist das in der guten Sushi-Bar, wo der Gast den Meister bei der Arbeit hinter der Theke beobachtet, wie er Fisch, Muscheln und Krustentiere kunstfertig mit je eigenen Messern zerlegt. In anderen Restaurants, seien sie auf Gemüse, Nudeln, Tofu oder Fleisch spezialisiert, wird die Berufsehre nicht weniger hochgehalten.

Professionalismus und die Bereitschaft, aus einem Mahl ein Kunstwerk zu machen, sind allgemeine Kennzeichen der japanischen Küche. Die ebenso anspruchsvollen wie verwöhnten japanischen Kunden haben eine Speisekultur entstehen lassen, die weltweit ihresgleichen sucht. Zu ihr gehören auch die vielen erstklassigen französischen, italienischen, spanischen Restaurants usw., die es in Japan heutzutage gibt. Von ebensolchen Speiselokalen in anderen Ländern unterscheidet sie, dass Koch und Sommelier gewöhnlich Japaner sind, die ihr Handwerk in dem Ursprungsland bis zur Perfektion erlernt haben. Der verfeinerte Geschmack ist Teil der traditionellen Kultur, die jedoch offen für die Adaptierung der raffinierten Kochkünste anderer Länder ist. Und das gilt nicht nur für die Restaurants der Luxusklasse. Insbesondere mittags isst man überall gut, erschwinglich und schnell, in westlichen Restaurants mit Messer und Gabel, in chinesischen, koreanischen und einheimischen mit Stäbchen.

Die Essgeräte sind ein wichtiger Teil des Genusses, den das kultivierte Speisen bereitet. Im Unterschied zu Messern ist mit Essstäbchen noch nie jemand angegriffen worden und zu Schaden gekommen. Wenn man die Speisen mit Stäbchen zum Mund führt, bleiben die brachialen Aspekte der Zubereitung, bleiben unsere Vergangenheit als Jäger und auch die Assoziation von Schlachten und Essen im Hintergrund, in der Küche.

In Anbetracht ihrer offensichtlichen Wertschätzung für die gute Küche mag es manchen verwundern, dass die Japaner den westlichen Schnellimbiss nicht mit Verachtung strafen. Zwischen japanischen, chinesischen und koreanischen Restaurants für den täglichen Konsum finden sich überall Pizza- und Spaghettirestaurants, Hamburgerbratereien und Billigcafés, die im Zuge der Globalisierung in Japan massenhaft Fuß gefasst haben. Außerdem hat Japan seine eigene Fast-Food-Kultur: die Nudelsuppe auf dem Bahnsteig (*tachigui soba*), Sushi vom Fließband (*kaitenzushi*) und Curry-Reis etwa, ebenso wie die in unendlicher Vielfalt in Supermärkten angebotenen *Bentōs* – in Fächer unterteilte Kästchen, die Reis, Fisch, Gemüse, Fleisch usw. als Einpersonenmahlzeit darbieten. Und den Gipfel des Fast-Food, *Cup Noodle*s, nämlich getrocknete Fertiggerichte, die man nur mit heißem Wasser aufzugießen braucht, halten viele Japaner für eine der größten japanischen Erfindungen des zwanzigsten Jahrhunderts.

Fast alle Japaner essen wenigstens einmal am Tag auswärts, sei es in einer Kantine, im Restaurant oder am Arbeitsplatz, wohin sie sich ein *Bentō* von zuhause mitbringen. Ein solches kriegen auch Schulkinder mit, wenn ihre Schule nicht für das Mittagessen sorgt. Die Basis des *Bentōs* ist Reis, und Reis ist das Grundnahrungsmittel der Japaner. Zwar gibt es in jedem Supermarkt eine Brotabteilung, und in den großen Städten machen exzellente Bäcker gute Geschäfte, aber der Reiskocher fehlt in keinem Haushalt, und in den meisten Familien ist er täglich in Gebrauch. Schon die erste Mahlzeit am Tag besteht aus Reis mit verschiedenen Zutaten, einem unter den heißen Reis gerührten Ei vielleicht, ein paar getrocknete Algen, etwas Fisch. Mit Fisch, Algen oder in Salz und Essig eingelegten Pflaumen gefüllte Reisbällchen (*onigiri*) werden gern als Zwischenmalzeit auf die Schnelle gegessen, und eine Schale Reis gehört zum Mittagsmenü. Bei reicheren

Mahlzeiten wird der Reis ganz zum Schluss serviert. «Jetzt kommt das Essen», heißt es dann.

Vielfalt und Qualität, bodenständige Einfachheit und Bereicherung durch Delikatessen aus aller Herren Länder, diese Mischung charakterisiert die japanische Esskultur heute. Immer mehr Touristen bereisen Japan speziell, um sie zu genießen. Sie werden selten enttäuscht.

101. Was bringt die Zukunft? Nach 150 Jahren des Aufstiegs und des Wachstums ist Japan heute in einer Übergangsphase. Nachdem es Mitte des 19. Jahrhunderts von den imperialistischen Ländern gezwungen worden war, sich am Weltgeschehen zu beteiligen, und sich innerhalb einer Generation zu einer Militärmacht entwickelte, die es mit ihnen aufnehmen konnte, kam das Großmachtstreben in der Asche von Hiroshima und Nagasaki zu einem schrecklichen Ende. In der zweiten Hälfte des 20. Jahrhunderts wurde Japan dann, wieder innerhalb einer Generation, aus einem rückständigen Land zu einem Wirtschaftsgiganten. Reich, friedlich, gesund, hochgebildet und alt, so steht Japan heute da, eine große Erfolgsgeschichte, wenn Erfolg an Lebensstandard und anderen üblichen Indikatoren gemessen wird.

Ist dieser Erfolg nachhaltig; lässt er sich fortsetzen? Das fragen sich heute in Japan viele. Pessimisten verneinen die Frage und weisen darauf hin, dass eine Volkswirtschaft, die seit zwei Jahrzehnten kaum noch wächst, auf die Dauer den Lebensstandard der Bürger nicht erhalten kann. Optimisten halten dagegen, dass Japan in der jüngeren Vergangenheit - in der Meiji-Zeit und nach dem Zweiten Weltkrieg - zweimal völlig neue Wege eingeschlagen hat, um sich großen Herausforderungen erfolgreich zu stellen. Die Herausforderungen der heutigen Zeit sind nicht minder gravierend. Auf drei verschiedenen Gebieten muss Japan Zukunftsperspektiven entwickeln, um seinen Wohlstand und seinen Platz in der Welt zu behaupten. Sie heißen Alterung, Staatsschuld und China.

Auf den Seiten dieses Buchs sind wir in verschiedenen Zusammenhängen auf die Bevölkerungsalterung gestoßen, denn sie bringt vielfältige Probleme für Gesellschaft, Wirtschaft und Politik mit sich. Japan führt die Revolution der Langlebigkeit an. Die Verdoppelung der Lebenserwartung, die die Japaner im 20. Jahrhundert erfuhren, ist ohne Beispiel, und ohne Beispiel ist die Geschwindigkeit der Alterung heute. Wegen der niedrigen Geburtenrate schrumpft die Bevölkerung und ändert sich in ihrer Altersstruktur. Gegen Mitte des Jahrhunderts werden 40 % der Japaner über 65 sein. Die sozialen Sicherungssysteme geraten dadurch unter enormen Druck. Wie unter diesen Umständen die allgemeine Wohlfahrt aufrechterhalten, allen Bürgern ein würdiges und sicheres Leben garantiert und verhindert werden kann, dass die Gesellschaft in Arm und Reich zerbricht, ist heute Japans größte Herausforderung.

Sie zu bestehen, wird durch die aufgetürmten Staatsschulden nicht einfacher. Japans heutiger Reichtum wurde zum Teil auf Pump finanziert, mit Krediten nämlich, die der Staat aufnahm, um seine Verpflichtungen erfüllen und außerdem das Wirtschaftswachstum durch Infrastrukturprojekte stimulieren zu können. Über die letzten beiden Jahrzehnte ist die Schuldenlast auf 200 % des Bruttonationalprodukts gestiegen. Der Internationale Währungsfonds erwartet bis 2014 einen weiteren Anstieg auf 246 %. In Japan hat man lange damit abgewiegelt, dass die Staatsanleihen im Land verkauft würden. Da nur 6 % der japanischen Staatsanleihen in den Händen nicht-japanischer Gläubiger seien und das Geld für den Staat dank der Niedrigzins-Politik der Staatbank billig ist, sei das Risiko einer Finanzkrise trotz der hohen Verschuldung gering. Das rasche Anwachsen der nicht erwerbstätigen Bevölkerung durch die Alterung lässt jedoch die privaten Ersparnisse dahinschmelzen. Das wird den Staat, wenn er weiterhin einen defizitären Haushalt hat und die Staatsschuld nicht abbaut, über kurz oder lang dazu zwingen, seine Anleihen auf dem Weltmarkt zu verkaufen, wo höhere Zinsen gezahlt werden müssen, wodurch der Haushalt noch stärker belastet wird. Eine spürbare Erhöhung der Mehrwertsteuer ist das Rezept, das der IWF empfiehlt, aber dass dieser Schritt in eine Abwärtsspirale negativen Wachstums führen könnte, fürchten nicht nur Finanz- und Wirtschaftspolitiker. Unsicherheit und Zukunftsangst sind heute in Japan weit verbreitet, keine günstigen Voraussetzungen dafür, durch vermehrten Konsum Geld in die leere Staatskasse strömen zu lassen. Aus diesem Teufelskreis herauszukommen, ohne die Sozialleistungen zu schmälern, ist Japans zweite große Herausforderung für die absehbare Zukunft.

Die dritte betrifft das veränderte internationale Umfeld. Bis in die 1980er Jahre war Japan das einzige nicht-westliche Land, das bezüglich wirtschaftlicher und sozialer Entwicklung mit den westlichen Ländern auf einer Stufe stand. Seit Chinas von Deng Xiao-

ping eingeleiteter Öffnung wurde der große Nachbar auf dem Festland für Japan ein zunehmend interessanter Markt, war aber einstweilen kein Konkurrent. Das ist heute anders. Die japanische Industrie hat auf vielen Gebieten, insbesondere im Hochtechnologiebereich, noch einen deutlichen Vorsprung, befindet sich aber in anderen Bereichen im Wettbewerb mit den aufstrebenden Chinesen. China ist heute Japans größter Handelspartner, und die beiden Volkswirtschaften sind eng miteinander verflochten. Aber während viele Wirtschaftsführer darin eine Chance für Japan sehen, betrachten japanische Politiker China mit Misstrauen und Abneigung. Vor 150 Jahren hat sich Japan von China, wo seine wichtigsten kulturellen Wurzeln liegen, dezidiert abgewandt. Sich ihm heute wieder zuzuwenden, fällt manchen schwer. Aber angesichts der Tatsache, dass die Märkte der ebenfalls alternden westlichen Länder kaum mehr wachsen, wird China für Japan immer wichtiger. Außerdem ist Japan ein asiatisches Land und hat als solches ein vitales Interesse an stabilen, friedlichen Verhältnissen in Ostasien. Die politischen Beziehungen zu China in diesem Sinne zu verbessern und durch die Schaffung von Institutionen auf eine solide Grundlage zu stellen, ist die dritte große Herausforderung Japans heute.

Wird Japan diese Herausforderungen meistern? In Japan gibt es viele Handleser und Astrologen, deren Blick bis in die Zukunft reicht. In ungewissen Zeiten haben sie viel Zulauf, aber wir haben sie nicht konsultiert, und deshalb bleibt diese letzte Frage offen.

Weiterführende Literatur

Blechinger-Talcott, Verena, Christiane Frantz und Mark Thompson (Hrsg.). 2006. *Politik in Japan. System, Reformprozesse und Außenpolitik im internationalen Vergleich.* Frankfurt a.M./New York: Campus

Chiavacci, David und Iris Wieczorek (Hrsg.). *2009. Japan 2009. Politik, Wirtschaft und Gesellschaft.* Berlin: Verein für sozialwissenschaftliche Japanforschung. (erscheint jährlich, bis 2006 beim Institut für Asienkunde).

Coulmas, Florian. 2009. *Die Kultur Japans. Tradition und Moderne.* München: C.H.Beck.

Coulmas, Florian. 2007. *Die Gesellschaft Japans. Arbeit, Familie und demographische Krise.* München: C.H.Beck.

Dierkes, Julian. 2010. *Guilty Lessons? Postwar History Education in Japan and Germany.* London: Routledge.

Eisenstadt, S.N. 1996. *Japanese Civilization. A Comparative View.* Chicago und London: University of Chicago Press.

Dower, John. 1999. *Embracing Defeat. Japan in the Aftermath of World War II.* London: Penguin Books.

Kevenhörster, Paul, Werner Pascha, Karen A. Shire. 2010. *Japan: Wirtschaft – Gesellschaft – Politik.* 2. Aufl. Wiesbaden: Verlag für Sozialwissenschaften.

Klein, Axel. 2006. *Das politische System Japans.* Bonn: Bier'sche Verlagsanstalt.

Krebs, Gerhard. 2009. *Das moderne Japan 1868–1952: Von der Meiji-Restauration bis zum Vertrag von San Francisco.* München: Oldenbourg.

Kreiner, Josef (Hrg.) 2010. *Kleine Geschichte Japans.* Stuttgart: Philipp Reclam jun.

Lützeler, Ralph. 2008. *Ungleichheit in der global city Tôkyô.* München: Iudicium.

Moerke, Andreas und Anja Walke (Hrsg.). 2006. *Japans Zukunftsindustrien.* Berlin: Springer.

Osiander, Anja. 2007. *Der Fall Minamata. Bürgerrechte und Obrigkeit in Japan nach 1945.* München: Iudicium.

Richter, Steffi und Jaqueline Berndt (Hrsg). 2008: *J-Culture.* Tübingen: Konkursbuch Verlag C. Gehrke (Japan Lesebuch IV).

Scheidt, Bernhard. 2010. *Religion in Japan: Ein Web-Handbuch. Grundlegende Informationen zu den beiden Hauptreligionen Japans, Buddhismus und Shinto, in ihren traditionellen und modernen Erscheinungsformen.* http://www.univie.ac.at/rel_jap/

Watanabe-Rögner, Yoshiko. 2008. *Bildwörterbuch zur Einführung in die japanische Kultur, Architektur und Religion.* Hamburg: Buske.

Dossiers der Stiftung Wissenschaft und Politik, Forschungsgruppe Asien
http://www.swp-berlin.org/brennpunkte/dossier.php?id=5021&PHPSESSID=ed70b659adfa4b453656a2ef3de5744e